KB233598

한중 FTA와 동아시아 지역주의

이희옥 김재관 주장환 양평섭 이홍규 공저

풀빛

한중 FTA와 동아시아 지역주의

초판 인쇄 2009년 2월 05일
초판 발행 2009년 2월 10일

지은이 이희옥, 김재관, 주장환, 양평섭, 이홍규 공저
펴낸이 홍석
펴낸곳 도서출판 풀빛

등록   1979년 3월 6일 제8-24호
주소   120-818 서울특별시 서대문구 북아현3동 177-5
전화   02-363-5995(영업), 02-362-8900(편집)
팩스   02-393-3858
전자우편   pulbitco@hanmail.net
홈페이지   www.pulbit.co.kr

ⓒ 코리아연구원, 2009

ISBN 978-89-7474-147-1 94300
       978-89-7474-141-9 (세트)

*책값은 뒤표지에 표시되어 있습니다.

이 도서의 국립중앙도서관 출판시도서목록(CIP)은 e-CIP 홈페이지(http://www.nl.go.kr/ecip)에서 이용하실 수 있습니다.(CIP제어번호: CIP2009000250)

한중 FTA와 동아시아 지역주의

한중 FTA를 어떻게 볼 것인가

미국 발 금융위기는 금융이 산업을 지배할 수 있다는 신화의 한 축을 무너뜨렸다. 또한 국가 간의 질서(international order)가 아니라 미국적 가치를 확산하고자 했던 세계 질서(world order)가 변화를 겪고 있으며 이러한 변화는 더 이상 역진이 어려워 보인다. 소련과 동유럽의 몰락 이후 상대적으로 안정적인 헤게모니를 구가했던 미국은 혼자의 힘으로 이 위기에 효과적으로 대응하기 어려워졌다. 오바마 정부는 새로운 미국적 가치와 에너지를 결집시키는 것 못지않게 국제관계의 민주화를 요구하는 새로운 흐름에 대응해야 하는 과제를 안고 있다.

이것은 지구적 지역주의가 확산되고 발전될 것이라는 것을 함축하고 있다. 이것은 지역(region)이 국가를 대체하는 국제정치경제의 기본단위로 등장하거나 보완될 가능성이 높아지고 있음을 의미한다. 지구화와 지역화는 국민국가의 경계를 넘어서고 있다는 점에서 일치하지만, 지역화가 지구화의 발목을 잡을 가능성도 상존해 있다. 왜냐하면 지구화의 본래 모습은 통일이 아니라 분절에 있기 때문이다(Clark, 1997).

한국의 개방을 둘러싼 토론도 이러한 고민을 반영하고 있다. 즉, 세계화가 하나의 추세이고 상수적인 변수가 되었다는 점이다. 이것은 세계화가 곧 신자유주의의 본질이 아니며 개방이 신자유주의가 아니라는 점을 전제하고 있다. 이런 점에서 세계화라는 환경에서 개방을 적극적으로 수용하고 활용함으로써 국가 주도의 발전주의와 신자유주의를 넘어서는 길을 찾는 노력이 모색되고 있다(이일영·정준호, 2007: 317). 왜냐하면 한국 경제는 개방에 취약하면서도 개방의 길에 나설 수밖에 없는 모순적 상황에 처해 있기 때문이다.

한국이 정권의 성격과 무관하게 일관되게 개방형 통상국가 전략을 추구한 것도 이러한 현실을 반영한 것이라고 할 수 있다. 왜곡된 형태로 나타나기는 했지만, 노무현 정부가 '좌파 신자유주의'라는 비난 속에서 한미 FTA를 기획하고 추진한 것도 이러한 현실 인식이 있었던 것이고, 시민사회도 개방형 통상국가 전략 자체에 의문을 제기하는 것은 아니다.

문제는 이러한 개방전략을 어떻게 규율하면서 접근할 것인가 하는 점이다. 우리는 이를 개방적 지역주의라고 부를 수 있다. 즉, 세계경제의 붕괴를 야기하거나 역외국가의 복지를 감소시키는 것이 아니라 구성국가의 복지를 향상시킨다는 것을 전제로 하는 것이다. 자유무역지대에 대한 새로운 인식도 여기에서 출발한 것이다.

원래 자유무역지대는 무역 자유화의 걸림돌을 방지하기 위해 출현한 세계무역질서의 한계에서 비롯되었다. 실제로 세계무역기구는 자유무역을 근간으로 하고 있음에도 불구하고 많은 예외조항을 두고 있다. 특히 1990년대 이후 세계무역기구는 회원국의 증가, 협상당사국의 견해 차이, 협상 결과에 대한 무임승차 등으로 인해 다자주의적 협상의 한계를 드러내면서 국제수지를 조정하기 위해 수입제한을 허용하기도 했다. 따라서 다자 협상에서 뜻을 같이하는 국가끼리 연합하여 다자 무대에서 협상력을 강화하거나, 지역주의나 지역 통합을 건설할 목적으로 하는 지역무역협정(RTA)을 통칭하는 자유무역협정(FTA)을 체결하려는 움직임이 나타났던 것이다(김양희, 2007: 23).

특히 2006년에 이어 2008년 7월 31일 도하개발의제(DDA) 협상이 또다시 결렬되면서 적어도 몇 년 동안 다자 협상이 어려워지면서 상대적으로 FTA[1]의 동력이 보다 강화될 가능성이 높아졌다. 이 과정에서 한국 정부도 동시다발적이고 거대경제권과 추진하는 이른바 패키지와 조합(package and combination) 전략을 추구하기 시작했다. 따라서 각론의 차이에도 불구하고 총론에서는 이명박 정부도 노무현 정부의 연속선에 있다고 볼 수 있다.

2008년 말 현재 협정에 서명한 한미 FTA는 공화당과 민주당

---

1) 자유무역협정은 경제통합이나 지역주의를 위한 하나의 수단에 불과하다. 이것은 완전한 경제통합이라는 최종 단계로 가는 첫 단계라고 할 수 있다. 실제로 WTO에서도 FTA를 다자주의 원칙의 예외로 양자 간 또는 소수국들이 FTA를 형성하기 위해 체결하는 통합의 가장 낮은 단계인 지역무역협정(RTA)의 한 단계로 보기도 한다. 이에 대해서는 B. Balassa, 1969 참조.

사이의 인식 차이와 한국의 국내 정치적 상황 때문에 의회의 비준을 얻지 못하고 있다. 한국 내에서도 시민사회와 야당의 강력한 반대에 직면해 있다. 그럼에도 불구하고 집권당인 한나라당은 미국의 한미 FTA의 조기 비준을 통해 미국 민주당을 압박해야 한다는 낡은 프레임을 고집하고 있고, 야당인 민주당 내에서도 피해산업의 보호라는 전제를 깔고 있으나 제도정치권의 한계를 극복하는 데 무기력한 상태이다. 또한 미국 민주당이 한미 FTA 협정 중 자동차부문 등에 대해 재협상을 촉구하는 등 비판적인 태도를 취하고 있으나 완전한 재협상이나 협상파기 같은 극단적인 상황이 나타날 가능성은 상대적으로 적다는 점에서 한미 FTA는 수정될 수는 있지만 비준 자체가 무화되기는 어려울 것이다.

한미 FTA는 상품에 대한 관세 철폐를 넘어 금융, 서비스, 무역, 지적재산권, 노동과 환경 등 모든 영역을 포괄하고 있다. 따라서 이것은 일부 산업에 국한된 것이 아니라 국가의 '표준'을 바꾸면서 한국 사회의 지형 자체를 변경할 수 있는 휘발성을 지닌 이슈이다. 이런 점에서 쇠고기 문제로 야기된 '촛불정국'은 국민의 건강주권 문제를 제기한 것이었으나, 그 본질은 한미 동맹과 한미 FTA를 위해서라면 모든 것을 양보할 수 있다는 국가에 대한 저항권의 표출이기도 했다.

한미 FTA 협상 종료와 함께 한국과 유럽연합(EU) 사이의 FTA 협상도 속도를 내고 있고 전방위적으로 다른 국가와 FTA를 추진하고 있는 상태에서 한중 FTA 추진도 적극적으로 검토되고 있다. 더구나 이명박 정부 들어 과감하게 추진하던 한일 FTA가 이른바 '독도 문제'라는 암초에 걸려 협상이 교착 상태에 접어들면서 상대적으로 한중 FTA에 비중을 두고 있다. 이미 한중 양국의 산관학(産官學) 협의가 사실상 종료되었고, 2008년 5월 한중 정상회담에서 양국 관계를 '전략적 협력동반자 관계'로 격상하기로 합의하는 과정에서도 한중 FTA를 적극적으로 추진한다는 내용을 공동 성명에 포함시켰다. 이런 상황에서 한중 FTA는 협상 개시 여부보다는 어떤 수준에서 어떤 부문을 주고받을 것인가라는 실무적이고 시간의 문제만 남아 있다고 볼 수 있다.

그럼에도 불구하고 한국 정부는 물론이고 시민사회에서도 한중 FTA는 크게 주목받지 못하고 있다. 여기에는 '위에서 아래로 흐르는' FTA의 특성상 한국이 크게 불리하지 않을 것이라는 국가이익적 맥락이 있고, 시민사회가 한미 FTA 저지라는 제일선에 힘을 쏟고 있는 현실적인 이유도 있다. 여기에 양국 교역과 투자의 성격에 비추어 볼 때 양보와 협상에 기초하여 합리적인 결과를 도출할 수 있다는 낙관론도 자리 잡고 있다.

이렇게 보면 한중 FTA는 단순한 경제적 손익 문제보다는 고도의 외교·안보적 고려를 필요로 하는 것이라고 할 수 있다. 즉, 외교·안보적 고려가 FTA를 지체시킬 수도 촉진시킬 수도 있는 요소이다. 이런 점에서 한중 FTA를 중국의 지역주의 맥락 속에서 접근할 필요가 있고, 여기에 기반하여 경제적 손익, 전략적 로드맵, 시민사회에 미치는 영향을 재구성할 필요가 있다.

한중 FTA 공부모임은 한미 FTA 논의와 시민사회의 대응이 격렬해지던 때 시작되어 어느새 일 년이 흘렀다. 우선 연구팀을 조직하여 책을 읽고 아이디어를 내면서 생각의 일치점을 찾아가고자 했다. 그러나 우리 내부에서도 FTA를 보는 인식 자체가 달랐고 현실적으로 한미 FTA라는 전선이 가로놓여 있어 그 진전에 영향을 받았다. 그래서 구체적인 각론보다는 한중 FTA가 지니고 있는 외교안보적 함의를 읽는 데 논의의 초점을 맞추면서 토론을 전개해 나갔다.

이 책은 원래 코리아연구원 운영위원장인 박순성 교수의 제안으로 시작되었다. 시작하기에도 벅찬 주제였지만 박 교수님의 인간적 따뜻함과 헌신적인 태도 앞에서 감히 거절할 용기를 찾기 어려웠다. 울며 겨자 먹기로 시작하긴 했는데 결과적으로 소박한 책으로 묶는 데까지 나아갈 수 있었던 것도 모두 박 교수님의 응원 때문이었다.

또한 공부하는 과정에서 모든 것을 뒷바라지한 코리아연구원의 김경순 처장과 실무자들의 헌신이 숨어 있다. 김경순 처장은 회의 때마다 참석하여 의견을 내고 저녁에는 광화문 홍어집을 들락거리면서 독려와 격려를 아끼지 않았다. 성균관대 동아시아학술원의 '한중 관계 리서치 클러스트'도 세미나를 열고 책을 묶은 데 기여했다.

이 공부모임의 연락을 맡아 묵묵히 제 역할을 한 주장환 교수와 든든한 우군이었던 김재관·이홍규 박사, 그리고 공부 중에 베이징으로 전근을 간 양평섭 위원께도 고맙다는 말을 하고 싶다.
마지막으로 거친 원고를 가다듬고 보기 좋은 책으로 만든 풀빛
출판사 여러분께도 고마움을 전한다.

이 작은 책자가 한중 FTA를 고민하는 사람들에게 작은 토론
거리가 되기를 바랄 뿐이다.

2008년 12월
필자를 대표하여 **이희옥**

동아시아 지역주의 부상과 중국의 FTA 전략

1. 동아시아 지역주의 부상

최근 국제정치경제의 핵심 이슈 가운데 하나는 '지역주의화(Regionalization)' 현상이라고 할 수 있다. 1950~1960년대의 유럽 구지역주의 운동 경험과 구별한다는 점에서 1990년대 이후 본격화된 글로벌 시대의 지역주의화 추세는 '신지역주의'라고 부를 수 있다. 우리나라뿐만 아니라 세계 각국들은 1990년대 이후 본격화된 세계화 추세에 맞서 나름대로 대응해 왔지만 그중에서도 가장 두드러진 현상은 지역주의를 모색함으로써 세계화의 위기를 최소화하거나 생존과 자구(self-help) 방어벽을 설치하는 것이었다. 경제위기와 '안보 딜레마'에 빠져 있던 동아시아도 예외는 아니었다. 세계화에 맞선 민족주의적 대응이 한 극단이라고 한다면 지역주의의 대응은 세계화와 민족주의의 중간의 또 다른 대응으로 해석될 수도 있다.

실제로 탈냉전 이후 동아시아 지역 내 지역주의 형성을 위한 추진력이 될 수 있었던 모멘텀과 그 배경은 다음과 같다. 미국 주도의 세계화에 대한 반작용, WTO 체제의 소위 '다자적 경제협력' 체제의 실효성 감소 및 수많은 무역 협상 장애물의 존재, 세계적 차원의 블록화된 지역주의화 추세에 대한 공동 대응의 필요성 증대, 동아시아 지역주의의 실현을 위한 역내 무역 및 투자의 증대, 북핵 문제 해소와 중일 관계 안정화를 바라는 역내 국가들의 공통된 이해관계의 부상, 거대한 지역 수준의 경제통합을 통해 국제사회 내에서 발언권을 강화해야 한다는 공동 인식의 대두 등을 들 수 있다.

지역 차원의 교류 방식도 국가 간 양자 차원의 교류를 넘어서서 일국과 지역 간 혹은 지역과 지역 간 네트워크 형식으로 발전하면서 '상호 의존'이 심화되고 있다. 가령 양국 간 쌍무적 FTA, 중국-아세안 FTA(CAFTA), ASEAN+3, EU, ASEAN, NAFTA, MERCOSUR, GCC(Gulf Cooperation Council), SAARC(South Asia Association for Regional Cooperation) 등 다양한 지역공동체는 바야흐로 국제정치경제의 행위주체로 부상되었다. 최근 들어 세계 곳곳의 지역공동체는 미증유의 상호 교류의 폭을 넓혔고, 지역주의의 양상도 '지역 내 지역주의(intra-regional regionalism)', '지역 간 지역주의(域際主義: inter-regional regionalism)', '지역 초월 지역주의(cross-regional regionalism)'로 분화되고 있다. 예를 들어 미국은 최근 들어 동아시아 지역에서 한미 FTA처럼 쌍무적 차원의 '초지역적 무역협정(CRTA)'을 적극적으로 확산시키고 있다면, 중국은 동아시아 지역 내에서 다자적 지역무역협정(RTA)과 쌍무적 FTA 전략을 적극적으로 구사하고 있다고 볼 수 있다.

　동아시아도 지역주의 흐름에서 예외는 아니다. 1989년 설립된 APEC이라든가 1991년 말레이시아 마하티르 총리 주도로 비(非)아시아인계 특히 백인 앵글로색슨계를 배제하려던 '동아시아 경제공동체(EAEC)' 주창, APEC과 ASEAN이 1997년 동아시아 금융위기 이후 영향력을 상실해 가는 가운데 1998년 이후에 부상한 'ASEAN+3', '동아시아자유무역협정(EAFTA)'을 통한 '동아시아 공동체(EAC)' 건설 구상(2002년), 2005년과 2007년 '동아시아 정상회의(EAS)' 등은 최근에 이루어진 지역주의 형성을 위한 노력의 결실이라고 할 수 있다. 그러나 이러한 노력에도 불구하고 '동아시아 공동체'나 지역 통합에 대한 회의적인 시각도 나타나고 있다.

　주지하다시피 동아시아 핵심 국가들은 여전히 국민국가의 틀에 갇힌 채 국가이익을 최우선시한다거나, 강렬한 민족주의의 부상, 영토 분쟁, 역사 문제, 현실주의적 안보관, 핵심 국가들의 역내 리더십 부족 등과 같은 여러 요인들 때문에 지역공동체를 구축해 가는 과정에서 심각한 균열을 보여 왔다(Rozman, 2007a). 그렇다면 과연 동아시아 지역공동체는 단지 하나의 '환상'이나 '신화' 혹은 '상상의 공동체'에 불과한 것인가(Acharya, 2006). 국내 학자들의 경우 동아시아 지역 통합과 동아시아 공동체 형성을 가로막는 주요 장애요인을 강렬한 민족주의라고 인식하는가 하면(최원식, 2004), 현실주의의 맥락에서 미일 동맹을 중심축으로 한 동아시아의 신냉전구조라 보기도 한다. 이러한 구조 속에서 미국의 종속적 하위 파트너인 일본이 과거사 청산, 영토 분쟁, 국수적 민족주의를 극복하기 위한 주도적이고 적극적인 노력을 방기해 온 결과 동아시아 공동체 형성이 지체되었다고 평가하기도 한다(최장집, 2004).

서구 학자들은 대체로 동아시아 지역주의와 지역 통합 그리고 동아시아 공동체 형성에 대해 다소 회의적인 입장을 피력하고 있다. 즉, EU와 동아시아 지역주의를 비교하면서 양 지역이 공통적으로 미국의 절대적 지배권(American imperium) 속에 있으면서도 EU와는 달리 동아시아는 저급한 법치주의, 과도한 비공식적 관행, 폐쇄적이고 위계적인 지역 네트워크, 공식적 제도화의 결핍 그리고 무엇보다 미일 동맹과 중국의 부상으로 인해 정치적·지역적 갈등이 현존하기 때문에 지역 통합에 대해 회의적이다(Katzenstein, 2005). 그러나 팸펠과 같이 역내 핵심 국가인 중국의 부상에 주목하면서 동아시아 국경 장벽이 낮아져 한 세대 전보다 동아시아의 지역협력 가능성과 전망이 좀 더 밝아졌다는 상대적으로 낙관적인 입장을 보이기도 한다(Pempel, 2005).

요컨대 동아시아 지역주의에 대해 우파적 회의론자들은 동아시아 공동체 창출을 위한 노력이 미일 동맹의 약화, 보편적 가치의 침식, 중국의 역내 주도권 획득으로 이어질 것으로 우려하고 있다. 반면 좌파적 낙관론자들은 지역협력이 민족주의 갈등 개선의 유일한 희망이라는 것에 대해 반대하지만, 대다수의 중립론자들은 경제와 환경 분야 등에서의 적극적인 협력을 강조하면서 정치와 안보 영역에서의 협력은 조심스럽게 접근할 필요가 있다고 주장한다(Noble, 2008). 이런 장애요인들 때문에 중국 내에서도 동아시아 공동체는 장기적이고 이상적인 목표로 설정하는 경향이 강했으며 상대적으로 담론 수준에서 많이 논의되어 왔다. 그리고 동아시아 공동체라는 표현도 안보공동체보다는 경제공동체 또는 문화공동체의 의미로 더 많이 사용되었다(刘江永·阎学通, 2005: 제3장; 이태환, 2008: 145).

전반적으로 볼 때 동아시아 지역 통합의 수준도 가장 낮은 단계(FTA)에 막 진입한 상황이기 때문에 EU 같은 높은 수준의 통합을 기대하는 것은 시기상조일 뿐만 아니라 앞에서 지적했다시피 넘어야 할 장벽이 너무도 많이 도사리고 있다.[1] 비록 낮은 단계에서 출발한다 할지라도 동아시아 지역 통합 과정에서 경제적 동인과 정치적 동인 가운데 어떤 요인이 더 결정적인 역할을 할 것인가를 둘러싼 토론도 전개되고 있다.

피시로우와 헤거드는 지역 통합을 '시장주도형 지역 통합'과 '정책주도형 지역 통합'으로 구분했는데(Fishlow and Haggard, 1992. 또한 Gilpin, 2001: 342-343 참조), 동아시아 지역주의 형성에서 경제적 요인과 정치적 요인은 상호 작용한다고 볼 수 있다. 즉, 동아시아 지역주의가 비록 경제적 지역주의의 외피라고 할지라도 경제외적인 정치·안보적 동기에 대한 고려가 동시에 복합적으

---

1) 지역 통합의 발전 단계를 5단계로 나눈다면 ① Free Trade Area, ② Customs Union, ③ Common Market, ④ Economic Union, ⑤ Political Union 등으로 구분할 수 있다.

로 작용한다고 볼 수 있다. 따라서 동아시아 지역주의는 시장주
도형 지역 통합보다는 정책주도형 통합의 성격을 한층 더 강하
게 띠고 있다고 볼 수 있다.

2. 중국의 동아시아 지역주의 전략

1) 동아시아 공동체 구상

탈냉전 이후 지역주의 형성을 위한 동아시아 지역의 노력들
을 볼 때 역내 지역주의의 건설과 전망이 불투명할 수밖에 없었
던 주요 요인은 무엇보다 중국의 리더십 부족, 일본의 지역주의
에 대한 소극적 태도와 팽창주의 선호, 미국의 지역주의에 대한
반대와 저항을 꼽을 수 있다. 1999년 이래 ASEAN+3가 추진되
면서 그중 핵심적인 한·중·일 3국 사이에 다소간의 입장 차이가
있었지만 지역주의를 형성하는 과정에서 3국은 주목할 만한 역
할을 해 왔다. 중국이 역내 국가에 국한된 '작은 ASEAN+3(the
smaller ASEAN+3)'에 주력했다면, 일본은 역내 중국의 부상을 우
려하는 미국의 입장을 반영하여 외연을 보다 확대한 '무정형의
동아시아 정상회의(the more amorphous EAS: ASEAN+6)'를 선호했
다는 점에서 지역주의 구축에 관해 양국 간 전략적 이해가 일치
하지 못했다(Rozman, 2007b: 268).
　　더욱이 중일 관계가 악화되었던 2005년 4월, 즉 중국 내 반일

시위가 고조되었던 시기에는 동아시아 지역주의 구상이 최악의 길로 치달았다. 심지어 일본 내 보수우파들은 ‘동아시아 공동체’는 ‘환상’에 불과하다고 일축하기도 했다(『読売新聞』, 2005. 4. 20). 반면 중국은 ‘동아시아 공동체’ 구상은 환상이 아니라 장기적인 목표로서 접근하면서 부분적인 영역, 이를테면 경제공동체·문화공동체 형성에 우선 주력하는 것이 바람직하다는 입장을 보였다.

중국이 추구하는 동아시아 공동체 전략을 개괄해 보면 몇 가지 특징을 찾을 수 있다. 첫째, ASEAN+1에서 ASEAN+3로 이어지면서 아태지역으로 확대해 나가는 점진적 방식을 취하고 있다. 둘째, 협력 의제도 전통적인 안보영역보다는 비전통적인 안보영역, 예컨대 경제, 생태환경, 에너지, 기후변화, 인간안보 등의 분야에 역점을 두고 있다. 비전통적 안보영역에서 협력을 극대화하기 위해서는 양자협력보다는 다자협력이 효과적이기 때문에 중국은 기존의 양자협력과 함께 다자협력의 중요성을 인식하고 이를 적극적으로 활용하는 전략을 구사하고 있다. 이처럼 중국의 동아시아 공동체 구상이라는 맥락에서 볼 때, 전통적인 안보공동체 형성은 아직 여러 현실적 장애물들이 존재하기 때문에 다소 소극적이었다고 볼 수 있다. 셋째, 중국은 아세안 공동체와 병행해서 동아시아 안보공동체 형성을 위해 다양한 구상을 하고 있다.

중국이 제시하는 안보공동체 구상을 다섯 범주로 나눠 열거해 보면 다음과 같다.

첫째, 아세안지역포럼(ARF)을 기초로 ASEAN+3, ASEAN+1,

북핵 6자회담, 아시아협력대화, 동북아협력대화(NEACD), 유엔평화 및 군축 아태센터 등 다자 안보 대화와 연계하여 아태지역의 협력을 구축한다. 둘째, 아태안보협력이사회(CSCAP)를 기초로 동아시아 안보 대화 기제와 연계한다. 셋째, 동아시아 공동체와 미일 동맹 등 쌍무 동맹체제를 병행한다. 넷째, ARF+6자회담 혹은 별개의 동아시아 공동체를 구상한다. 다섯째, 미·중·일·러 간의 전략 대화이다(刘江永·阎学通, 2005: 제3장; 이태환, 2008: 146-147).

이상에서 보듯 중국의 동아시아 공동체 전략 구상은 우선 낮은 단계에서부터 높은 단계로 추진되고 있다고 볼 수 있다. 즉, 경제공동체에서 출발해 점차 안보공동체로 나아가는 방식이고, ASEAN+1에서 출발해 아태지역으로 확대해 가는 방식이다. 동아시아 지역협력을 통한 지역주의 형성은 동아시아 공동체 형성의 기반을 조성하는 선결 과제라 할 수 있다. 이제까지 탈냉전기 다자협력에 기초한 중국의 지역주의 형성 노력 가운데 가장 주목할 만한 것은 ASEAN+3, '상하이협력기구(SCO)', ARF, 6자회담의 동북아 다자 안보체제로의 전환 등을 통해 주도권을 행사하는 것이었다. 첫째가 '다자간 경제 협력체'라고 한다면, 둘째는 다자간 경제 및 안보 협력체이고, 셋째는 다자간 안보 협력체라고 볼 수 있다.

2) 중국의 지역주의 외교전략과 정책

주지하다시피 중국은 1990년대 후반 이래로 동아시아 지역

내 지역주의 건설의 선두주자로서 리더십을 행사하려는 전략적 의도를 드러내 왔다. 이른바 대국책임외교와 평화부상(和平崛起) 및 평화발전(和平发展), 조화세계(和谐世界) 등의 외교담론은 동 아시아 지역주의 외교전략의 특징을 반영한 대표적인 것이다.[2] 이런 외교노선에 입각해 중국은 경제협력 차원에서 역내 ASEAN+3 건설에 역점을 두기 시작했을 뿐만 아니라 특히 SCO 확대·강화에도 심혈을 기울이고 있다.[3] 중·러 주도의 SCO와 긴 밀히 연계된 CICA(아시아 상호협력 및 신뢰구축 협의회) 17개 회원 국에는 SCO 6개국 및 옵저버 4개국 등이 포함되어 있는데 그 가 운데 중국이 주도하여 참여한 국가가 60% 이상을 차지하고 있 다. 부시 행정부의 패권외교 및 일방주의와 대별되는 중국의 '조 화외교' 전략은 2006년 6월 15일 SCO 제6차 정상회담에서 밝힌 소위 '후쓰뎬(胡四点: 4가지 원칙)'에 잘 피력된 바 있고, 이것은 곧 중국의 지역주의 외교전략의 방향을 제시한 것으로 평가할 수 있다. 즉, 첫째, 아시아 지역의 신안보체제를 수립할 때 각국의 국가통일 수호권리를 존중함으로써 타이완 독립 문제에 대응한 다. 둘째, 각종 문명의 상호 포용과 수렴을 주창함으로써 서구의

2) 후진타오 시대의 외교노선에 대해서는 郑必坚, 2005; 郑必坚, 2007; 중국정부 백서인 中华人民共和国国务院新闻办公室, 2005 참고.

3) 후진타오 주석은 2005년 UN 연설에서 '조화세계'를 제안했고, 이어 2006년 6월 상하이협력기구(SCO) 정상회담에서 '조화지역(和谐地区)' 건설을 제기 했으며, 같은 달 카자흐스탄에서 개최된 '아시아 상호협력 및 신뢰구축 협 의회(CICA)' 정상회담에서도 조화로운 동아시아 지역 통합을 상징하는 '조 화로운 아시아(和谐亚洲)' 건설을 제창한 바 있다.

'문명충돌론'을 반박한다. 셋째, 미국 주도의 단극적 일방주의
(unilateralism) 대신에 다자주의(multilateralism)를 강조한다. 넷째,
지역경제통합을 추진하여 역내 국가들 간의 공존공영의 상생의
질서를 창출함으로써 어느 누구도 반대할 수 없는 논리를 제시
한다(이장규·이인구·여지나·조현준, 2006: 53-55). 이 같은 '조화외
교'와 '후쓰덴'은 미래 중국의 외교전략의 기초가 되는 개념으
로 중국이 동아시아 지역을 넘어 유라시아 대륙으로까지 전략
적 근거지를 확장시킬 수 있는 개념이라고 평가되고 있다(陈冰,
2006). 또한 중국은 동아시아 지역 통합을 위해 '6자 회담'을 적
극적으로 주도함으로써 역내 평화와 안정을 달성하는 데 적극
적인 노력을 기울이고 있다.

　21세기 접어들면서 지역협력과 통합을 향한 중국의 지역주의
전략은 2개의 핵심적 정책수단, 즉 RTAs와 FTA를 통해 보다 구
체화되고 있다. 2007년 3월까지 자유무역지역(Free Trade Area),
관세동맹(Customs Union), 경제통합(Economic Integration)을 합쳐 세
계에 약 194건의 지역무역협정(RTAs)이 존재했고, 그 가운데 과
반수가 1995년 이후 성립된 것이다(トラン·ウアン·トウ, 2007: 19).
2008년 7월 말까지 통계를 보면, 전 세계적으로 FTA는 211건 체
결되었는데 그중 절반이 넘는 112건이 2000년 이후 성사되었다
(장영희, 2008: 67). 이렇게 보면 1990년대 후반기 이후 급속도로
FTA를 통한 지역주의화가 진전되어 왔음을 알 수 있다. 이런 추
세에 따라 최근 몇 년 사이 지역무역협정과 자유무역협정의 수
가 급증함에 따라 중국 역시 RTAs·FTA 네트워크와 중국식 차축

(轮轴: axle) – 바퀴살(辐条: spokes) 혹은 바퀴통 – 바퀴살(hub-spokes) 식 지역협력체계를 조직화하기 시작했다. 미국의 아태지역 FTA (FTAAP) 구상과 비교했을 때 중국 정부는 한층 더 동아시아FTA (EAFTA) 혹은 ASEAN＋3(한·중·일)와의 경제협력을 더 선호하고 있다. 이러한 동아시아 역내 국가 중심의 EAFTA 구상은 미국의 관심을 촉발시켰다. 미국은 EAFTA가 그동안 미국이 주도해 온 APEC의 양극화를 촉진할지도 모른다는 우려와 함께 EAFTA가 역외 국가들에게 비우호적인 대우를 유발하여 결국 미국에게 재난적 성격의 경제·상업적 손실을 초래할지도 모른다고 예상 했다. 즉, EAFTA 국가가 아닌 기타 APEC 경제체들에게 불리한 영향을 낳을 것이라는 우려하고 있다. 이런 우려를 반영하여 미 국은 아태 FTA(FTAAP)의 건설을 통해 동아시아와 미국이 아태 지역 가운데로 서로 인입(embedding)될 수 있어야 한다는 정책구 상을 제시하기도 했다(Bergsten, 2005; 2007; 盛斌, 2007: 70).

중국은 EAFTA 구상을 일관성 있게 옹호해 왔다. EAFTA 체제 는 중국으로 하여금 부단히 증가하는 역내 무역과 외국인 직접 투자(FDI) 및 무역장벽 해소 그리고 거래비용 절감 등의 효과를 통해 경제적 이익을 가져다줄 것으로 기대되었다. 또한 EAFTA 는 동아시아 국가들에게 치열한 세계경제 속에서 한층 더 중요 한 역할을 담당할 수 있을 뿐만 아니라 중국 주도의 지역 통합화 과정에서도 아주 양호한 외부 환경을 제공할 것으로 전망했다. 요컨대 중국의 입장에서 볼 때 EAFTA는 경제적 효과 이외에도 아시아 국가들에게 '아시아 이익'과 '아시아 가치'의 실현이라는 정치적 목표를 달성시킬 수 있는 유리한 기회를 제공할 것이고, 나아가 제2차 세계대전 이후 대서양 중심으로 국제사회의 주도권이 행사되던 시대를 마감하고 동아시아가 그 자리를 대신할 수 있는 시대를 앞당기는 데 기여할 것으로 기대하고 있다.

중국 정부는 2001년에 처음으로 RTAs라 할 수 있는 '방콕 협정'을 체결한 이후 RTAs와 FTA를 적극적으로 확대 추진하고 있다. 중국의 전통적인 무역정책은 단순히 다자무역체계에 의존하여 '비동맹전략'을 신봉해 왔다고 할 수 있다. 그러나 '방콕 협정'은 이런 기존의 무역정책을 탈피하는 중요한 계기가 되었다. 중국이 이미 체결했거나 협상 단계에 있는 RTAs·FTA는 모두 10여 개인데, 아시아, 아프리카, 남미, 남태평양 등 32개 이상의 국가와 지역을 아우르고 있다(<표 1> 참조).

<표 1> 중국이 가입한 RTAs와 FTAs

현재 상태	대상 국가 및 지역
FTA 체결 지역 및 국가	중국-아세안(RTA) 중국-파키스탄(FTA) 중국-칠레(FTA)
협상 단계의 국가 및 지역	중국-GCC(RTA) 중국-SCAU(RTA) 중국-호주(FTA) 중국-아이스랜드(FTA) 중국-페루(FTA) 중국-뉴질랜드(FTA) 중국-인도(FTA)
관산학 연구 단계	중국-한국(FTA) 중국-한국-일본(RTA)

출처: 董志勇, 官靚, 黄迈, 「中国对自由贸易区的政策设想及其对亚洲其他国家的影响」, 『国际关系学院学报』, 2008年 第2期, 38頁.

이처럼 중국 주도의 동아시아 지역 통합을 향한 다자협력과 구체적인 정책 추진은 미국으로 하여금 대응전략과 정책수단을 강구할 수밖에 없도록 했다.

3. 미국의 동아시아 지역주의 전략과 중국의 대응

1) 미국의 동아시아 지역주의 전략

동아시아 지역주의가 부상한 배경과 계기는 무엇보다 미국 주도의 세계화에 대한 반작용이라 할 수 있다. 미국 주도의 세계화는 크게 세 가지 양상을 띠고 전개되어 왔다. 첫째, 1989~1993년 시기로서 사회주의권 붕괴와 지식정보화 시대의 도래에서 찾을 수 있다. 베를린 장벽의 붕괴 이후 동구 공산주의권 몰락과 민주주의와 인권의 성취는 새로운 세계질서를 요청하게 되었다. 둘째, 동아시아 금융위기 이후 역내 국가들이 IMF의 구조조정 정책을 받아들이게 됨으로써 1996~2000년 사이에 미국의 월가식 '금융세계화'가 전면화된 시기이다. 셋째, 2001년 부시 집권 이후 부시 독트린에 따라 미국의 자유민주주의와 자유시장경제를 '군사지상주의'와 '일방주의'의 방식으로 동북아 지역에 확산시킨 시기이다. 미국의 일방주의는 2002년 9월 「미국의 국가안보전략」(The National Security Strategy of the United States)에서 '부시 독트린'으로 구체화되었다. 이것은 다자주의적 국제협력이 아니라 미국의 배타적인 힘에 의거해 미국식 예외주의(American Exceptionalism), 곧 자유민주주의와 자유시장 경제제도를 공세적으로 확산시키겠다는 일방적 선언이었다.

부시 행정부가 추구한 통상정책의 핵심 목표는 '경쟁적 자유화(competitive liberalization)'를 통해 자유무역체제의 확산을 촉진하는 것이었다. 이를 위한 주요 수단은 다자주의 체제인 WTO의 강화와 지역주의 혹은 양자주의적인 FTA 정책을 병행하는 것이었다. 이 가운데 역점은 FTA 확산 정책에 두어졌다(정하용, 2005: 42). 특히 FTA는 '경쟁적 자유화' 전략을 펴기에 가장 좋은 정책수단으로 평가되었는데 이를 진두지휘한 인물은 미국통상대표부(USTR) 대표였던 죌릭(Robert B. Zoellick)이었다. 그는 거의 150개국에 이르는 회원국 모두가 거부권을 행사할 수 있는 WTO의 합의제 방식을 거부했다. 왜냐하면 그러한 다자주의체제 아래에서는 미국의 주도권이 발휘되기 어렵다고 보았기 때문이다. 그는 자유무역체제의 성공적 확산을 위해서는 지역 혹은 양자적 FTA가 한층 더 효과적인 정책수단임을 강조했다. 더구나 미체결국의 입장에서 보면, 미국과의 FTA야말로 세계 최대의 상품·자본시장인 미국을 자유롭게 넘나들면서 '차별화된 혜택'을 얻을 수 있을 것이기 때문에 미국과의 FTA 체결을 선호할 수밖에 없을 것이라고 내다보았다(Zoellick, 2002; 최태욱, 2007a: 115). 쌍무적 FTA를 선호하는 미국의 통상정책을 반영하듯, 2008년 7월 29일 무려 7년을 끌어왔던 WTO 도하개발어젠더(DDA) 협상이 끝내 좌절된 것만 보더라도 다자간 협상이 얼마나 어려운지 보여 준다. 특히 협상 결렬은 중국·인도·브라질 등 신흥경제대국들의 경제적 힘이 확연히 드러난 결과라고 볼 수 있다. 이처럼 신흥경제대국의 급부상으로 미국 등 선진국 그룹이 주도해 온 WTO 체제의 역학 구도에 균열이 생기면서 세계통상무역의 무게중심이 다자간 무역협정에서 쌍무적인 FTA로 이행할 가능성이 높아지게 되었고, WTO도 이제 분쟁조정기구로 전락할 가능성이 있다는 우려 섞인 분석이 나오고 있다(장영희, 2008: 66-68). 최근 FTA를 선호하는 국제정치경제의 환경 변화를 고려해 볼 때 FTA 확산은 결국 미국 중심적 세계화의 한 축이었으며 각국의 '경제체제의 미국화'를 강요하는 것이었다고 볼 수 있다. 심하게 말하면 미국의 '자본주의형 제국주의(capitalist imperialism)' 정책을 강제 이식시킨 것으로 볼 수 있는데, 여기에는 동아시아도 예외일 수 없었다(Harvey, 2005: 26-27; 최태욱, 2007a: 114).

미국은 이러한 패권전략 때문에 APEC과 같이 아태지역을 포괄하는 것을 제외한 그 어떤 동아시아 지역주의 형태에 대해 소극적인 입장을 취했다. 미국이 반대한 대표적인 지역주의 구조로는, 마하티르 총리가 1991년 주도했던 '동아시아 경제공동체(EAEC)', 1997년 일본이 주도했던 '아시아통화기금(AMF)' 등이 있다. 그러나 동아시아 금융위기 직후에는 적어도 노골적으로 'ASEAN＋3'나 'ASEAN＋1s' 등 FTA 체결 움직임에 대해 반대 입장을 보이지 않았다. 하지만 중국의 역내 영향력이 점차 확대되자 중국 주도의 2005년 '동아시아 정상회의(EAS)'에 대해 미국은 일본으로 하여금 '중국 위협론'을 내세워 EAS에 호주, 뉴질랜드, 인도 등이 신규 가입하도록 압박함으로써 결국 중국의 역내 주도권을 막고자 했다. 이런 일련의 시도는 결국 미국은 자국이 배제된 동아시아(동북아) 지역주의 건설에 반대하고 있음을 보여 주는 것이고, 일본은 미국의 전략적 이해를 관철시키는 충성스런 역내 대변자 역할을 하고 있다.

구체적으로 미국이 공개적으로 동아시아 지역주의 건설에 반대한다는 신호는 2005년 12월 미 의회 보고서에서 나타났다. 이 보고서는 미국에게 '동아시아 공동체'의 아이디어가 어떤 의미를 가지는지를 고찰하고 있다. 즉, 중국의 지정학적 영향력이 확대되고 있음을 우려하면서 동아시아 공동체가 안보와 무역 문제에서 미국을 역내에서 배제하는 집단적 협정의 전조가 될 수 있다고 경고하고 있다. 동시에 APEC 멤버로서 타이완을 배제하려는 것은 중국의 전략적 의도를 반영하고 있다고 지적했다. 이런 중국의 지역 통합 노력은 APEC의 약화와 미국의 동아시아 지역 내 패권 약화를 노리는 것으로 분석할 수 있다(Rozman, 2007b: 269; 『産経新聞』, 2005. 12. 24).

장기적으로 볼 때 동아시아 국가들끼리 지역주의를 형성하는 것이 불가피한 추세이다. 이때 미국은 중국 주도의 동아시아 지역주의 건설에 대해 크게 보면 세 가지 대응전략을 구사할 것으로 예상할 수 있다. 첫째, 쌍무적 무역투자협정(TIFA),[4] 둘째, 쌍

---

4) TIFA는 엄밀히 말해 FTA는 아니지만 그 체결국가 간의 무역투자의 편리와 자유화를 촉진시킬 수 있을 뿐만 아니라 무역 투자 진행에서 각종 관세·비관세 장벽을 낮출 수 있기 때문에 일정 정도는 FTA라고 볼 수도 있다. 혹은

무적 FTA, 셋째, 아태지역 FTA(FTAAP)이다.

우선 TIFA를 살펴보면, 동남아에서 미국과 TIFA를 맺은 주요 국가들은 말레이시아, 태국, 인도네시아, 필리핀 등 ASEAN 핵심 국가들이다. 이미 2004년 미국은 이들 국가들과 개별적으로 TIFA를 맺었으며, 이를 토대로 말레이시아·인도네시아·태국과 FTA 협상을 벌이고 있다. 또한 미국은 개별 국가별로 TIFA를 추진하는 것 외에도 미국과 ASEAN 간의 TIFA도 추진하여 2006년 8월 정식으로 ASEAN 쌍무적 TIFA를 체결했다. 이런 일련의 과정을 거쳐 미국-ASEAN 간 FTA 추진의 토대가 구축됐다고 볼 수 있다.

그러나 미국이 가장 역점을 두고 있는 것은 쌍무적 FTA이다. 미국이 TIFA와 FTA를 주도하는 주요 이유는 한마디로 말해 미국 주도의 쌍무적인 '바퀴통-바퀴살' 동맹 구조를 확산시키는 데 있다(Rozman, 2007b: 269). 즉, 미국이 중심인 '바퀴통'이라면 다른 국가들은 개별 '바퀴살'이 된다. 미국이 동아시아 국가들과 '바퀴통-바퀴살'에 따라 쌍무적 FTA 구조를 확산·강화하는 한 동아시아 지역주의는 크게 문제될 것이 없다는 입장이다. 이것은 동아시아 국가들을 미국 중심으로 '분리-지배(divide and rule)' 할 수 있다는 자신감의 표현이다. 이렇게 보면 미국의 입장은 '개방적이고 침투가능한 지역주의(open and permeable regionalism)' 를 지지하는 것으로 정리할 수 있다(최태욱, 2007: 16). 미국의 동

초급단계의 FTA라고 봐도 무방하다.

아시아 침투는 2000년 11월 싱가포르와의 FTA 협상 개시로 이미 시작되었으며, 2002년 10월 부시 대통령이 발표한 'ASEAN 사업 구상(EAI)'으로 구체화되었다. 이것의 핵심 요지는 미국이 ASEAN 국가들과의 개별적인 양자 FTA를 중첩적으로 체결함으로써 미-ASEAN 간 '쌍무적 FTA 네트워크(network of bilateral FTAs)'를 강화하겠다는 것이다. 이것은 앞에서 언급했다시피 죌릭이 주창했던 전형적인 미국의 '양자주의' 통상정책인 것이다. 2004년 1월 싱가포르와의 FTA가 발효되자 같은 해 6월 미국은 태국과 FTA 협상을 개시했고, 말레이시아는 2006년 6월 EAI 구상에 따른 미국의 세 번째 FTA 협상국이 되었다. 미국의 소극적 태도와 한국 정치지형에 따라 '비준의 정치'가 나타나고 있는 한미 FTA가 발효된다면 미국에겐 동아시아 지역 내에 가장 확고하고 안정적인 동아시아 침투의 전진기지를 마련하는 셈이 될 것이다. 그리고 '미국식 FTA'의 확산이 국내에 미칠 여파는 가히 충격적이다.[5]

---

[5] '미국식 FTA'의 특징은 상대국에게 철저한 시장개방, 민영화, 정부개입 축소 등을 요구하며 신자유주의적 시장만능주의를 체제 내화하는 것이다. 미국식 FTA는 '높은 수준의 포괄적 FTA'로서 여기에 단순히 제조상품만이 아니라 농산품 및 서비스 상품, 그리고 투자, 지적재산권, 노동, 환경 등 경제활동의 주요 영역을 협정의 대상으로 포괄한다. 게다가 '투자자-국가제소제', '비위반제소제', '역진방지 기제(irreversible ratchet system)', negative list system 등은 국가주권을 침해할 수 있고 체결 국가의 경제생활을 파괴할 수 있을 만큼 엄청난 파급력을 지닌 것들이다. 따라서 미국식 FTA는 자유무역협정을 넘어서는 일종의 '경제통합협정'에 버금가는 위력을 갖고 있다. 미국식 FTA에 대해서는 김양희, 2007 참조.

미국의 세 번째 대응전략은 2006년 APEC 회의에서 제시되었다. 즉, 부시 정부는 쌍무적 FTA 네트워크(쌍무적 CRTA)를 강화하는 것 이외에도 아태지역 내 미국의 경제적 이익을 관철시키기 위해 '아태지역 FTA(FTAAP: 다자적 CRTA)' 건설을 적극 권장하고 나섰다. 최근 들어 ASEAN+3를 주축으로 한 동아시아 역내 FTA에 가속도가 붙으면서 미국이 동아시아 지역에서 배제될 수 있는 가능성이 대두되었다. 이에 미국은 역내 이익을 고수하기 위해 비교적 낮은 단계의 TIFA 단계에 머물 수 없을 뿐만 아니라 단지 쌍무적인 FTA에만 의지하는 것도 문제가 있다고 인식하고 이에 대한 대처 방안 중 하나로 미국 주도하에 미국에 개방적이고 다자적인 동아시아-태평양 시장을 개척해야 한다고 판단했다. 다시 말해, 일본과 같은 일부 동아시아 국가나 FTA 문제로 미국과 마찰을 일으키길 원하지 않는 국가 혹은 중국의 역내 영향력을 견제해 주길 원하는 국가들은 미국이 동아시아 경제통합 과정에 개입하는 것을 선호한다고 보고 있다.

미국이 이상과 같은 세 가지 대응정책을 구사하면서 가장 역점을 두고 추진하는 것은 쌍무적 FTA 협상이다. 그러나 아시아-태평양 지역 내에서 중국과 미국 간 갈등을 해소하려는 FTAAP 제안에 대해 중국 측은 실현 가능성이 낮다고 보면서 오히려 가장 효과적인 방법은 쌍무적 정상회담 기제를 통해 쌍방 간에 상호 신뢰와 협력을 증진시키는 것이 필요하다고 주장하고 있다 (盛斌, 2007: 67).

2) 중국의 대응전략

앞에서 언급했다시피 중국은 미국의 동아시아 지역 내 '바퀴통 - 바퀴살' 식의 FTA 확산정책야말로 중국이 동아시아 지역 국가들과 RTAs·FTAs를 통한 긴밀한 경제무역 관계를 형성하는 것을 가로막고 중국을 고립화시켜 결국 전 지구적 무역협상에서 미국이 유리한 고지를 차지하려는 전략이라고 비판하고 있다(莫莎, 2005; 李富有·何娟, 2007: 68; 宋国友, 2007).

중국의 전문가들은 이와 같이 미국의 FTA 정책을 이해하고 있기 때문에 중국은 다음과 같은 대응조치가 필요하다고 주장하고 있다.

첫째, 이미 체결한 무역협정에 기반하여 쌍무적 및 지역적 차원의 무역협상체계를 세우고 전 세계적 범위, 즉 중국과 호주, 칠레, 중동, 중앙아시아, 아프리카 등과 FTA 협상을 적극적으로 확대시킨다. 이들 지역들은 중국이 세계적 차원에서 FTA를 발전시킬 수 있는 전진기지라 할 수 있으며, 다른 국가들 간의 경제적 상호 보완성을 높여 공동번영의 길을 개척해야 한다. 나아가 '경제무역협력강화협정(CEPA)' 체결 외에 이미 협상을 조인한 나라나 지역 그리고 아직 협상단계 및 연구단계에 있는 국가 및 지역들과 RTAs·FTA 협상체계를 가능한 한 조속히 세워 지역체계로 확대·발전시키는 것이 필요하다.

둘째, 적극적으로 미국과 무역협상을 벌이는 것이 필요하다. 현재 중국은 미국의 무역협상 중점 대상은 아직은 아니나, 중국

의 대미 무역흑자가 갈수록 확대되고 있는데다 중국의 무역 의
존도가 70%를 넘어서고 있는 상황이기 때문에 양국 간 무역마
찰은 끊이지 않고 있다. 따라서 미국과의 마찰을 최소화하면서
동시에 무역구조를 개선하는 등의 효과를 거둘 수 있는 무역협
상을 벌여야 한다.

셋째, '대중화' 자유무역지대(Free Trade Area)를 건설하여 중화
민족의 부흥을 모색하는 것이다. 대중화 자유무역지대를 건설
하여 투자·무역 및 생산요소의 자유로운 이동을 돌파구로 삼아
각자의 비교우위를 충분히 발휘하도록 하여 지역 통합을 촉진
시켜야 한다는 것이다. 이것은 중국의 경제발전을 물론이고 정
치적 안정을 보장하는 중요한 측면이라 할 수 있다.

넷째, ASEAN과의 무역 성과를 공고히 하여 2010년 ASEAN＋1,
즉 중국과 ASEAN의 FTA(CAFTA) 자유무역지대를 실현한다.
ASEAN과의 역내 무역관계를 강화하는 것도 중요하지만 CAFTA
구축의 정치적 의의는 경제적 의미를 훨씬 뛰어넘는다. 왜냐하
면 CAFTA는 중국을 위해 주변 지역 안정과 경제의 장기적인 발
전에 유리한 외부적 환경을 구축하는 과정이기 때문이다.

다섯째, '방콕 협정'을 기초로 하여 남아시아 국가와의 무역
협력을 강화해야 한다. 2005년 11월 2일 '방콕 협정' 제1차 장관
급 회담이 베이징에서 개최되어 2006년 7월 1일부터 제3차 관세
인하 조치를 단행하기로 결의했으며, '방콕 협정' 수정본에 조
인·서명하여 명칭을 아태무역협정(AFTA)라고 개명하게 되었다.
현재 AFTA의 6개국－방글라데시, 인도, 중국, 한국, 스리랑카, 라오

스- 를 모두 합치면 약 26억 인구의 대시장이 형성되고 이후 회원국이 더 가입하면서 '범아태무역협정(PAFTA)'으로 발전시킬 계획이다. 그리하여 아시아 국가 위주의 또 다른 강대한 경제세력의 등장을 중국이 주도적으로 관리해야 한다.

여섯째, 한·중·일 무역협상을 적극적으로 전개해야 한다. 한·중·일 3국의 무역 규모와 중요성은 굳이 강조하지 않아도 될 정도로 상호 의존도는 아주 높다. 구체적으로 중국은 2004년에는 한국의 최대 교역국으로, 2006년에는 일본의 최대교역국으로 발돋움하여 이들 국가들 간의 상호 의존도는 날이 갈수록 심화·확대되고 있는 상황이다. 특히 학계 일각에서는 한미 FTA 체결 이후 2년의 시간을 이용하여 가능한 빨리 한국과 FTA 협상을 마무리 지을 필요가 있으며, 한미 FTA 성과는 앞으로 중·일 양국의 FTA 협상과 담판을 촉진시키는 데 중요한 영향을 미칠 것이라고 진단하며 10~15년 내에 한·중·일 FTA를 체결해야 한다고 주장한다(李富有·何娟, 2007: 68-70).

4. 중국의 FTA 전략

1) 중국의 RTAs·FTAs 추진 배경

중국의 FTA 추진 전략은 정부 유관기관의 연구물이나 관련 문헌을 통해 정리할 수 있다. 먼저 경제 분야의 주요 싱크탱크인

'국무원발전연구중심'과 중국 '상무부정책연구실'에서 나온 관련 문헌은 중국의 FTA 전략의 대강을 이해할 수 있는 좋은 참고 자료이다(国务院发展研究中心课题组, 2005: 2-9; 于培伟, 2005: 2-8).

이들 자료에 근거해 중국의 FTA 추진 전략 로드맵과 추진 목적의 주요 내용을 정리하면 다음과 같다. 첫째, ASEAN과의 FTA를 가속화함으로써 중국 주도의 아시아 전체 경제협력과 경제통합을 추진한다. 둘째, 동북아 FTA를 실현하여 노후 공업시설들이 밀집되어 있는 동북 지역의 대외개방을 촉진한다. 셋째, 중국의 거대한 구매력 우위를 활용하여 유라시아, 남미, 아프리카 등지와 전방위적으로 FTA를 추진함으로써 장기적으로 안정적인 자원 및 에너지 공급원을 확보하고 중국 상품의 신시장 개척 및 경제발전을 촉진시킨다. 넷째, 21세기 신흥 경제대국으로 부상하고 있는 인도, 브라질, 남아프리카공화국, 멕시코 등과 경제협력을 발판으로 삼아 FTA를 적극 추진함으로써 개발도상국 블록에 대한 중국의 영향력을 증대시킨다. 다섯째, 구미 시장에 적극적으로 진출하기 위해 점진적으로 낮은 단계의 상품과 특정 영역으로부터 시작해 선택적으로 특수한 협정들을 이룬 뒤 개별 영역에서 FTA를 구축해 나간다. 마지막으로 EU가 다수의 개도국과 체결한 '로메 협정' 모델을 벤치마킹하여 빈곤국 및 자원 부국의 1차 상품에 대해 일방적인 특혜관세를 제공한다(이장규·이인구·여지나·조현준, 2006. 110-111).[6]

---

6) '로메 협정'은 1975년 EU와 ACP(아프리카, 카리브 해, 태평양 지역)의 개도국 46개국 간에 체결된 특혜관세 협정으로 EU는 이 협정에 참가한 개도국

이러한 추진 동기와 배경은 여러 차원으로 나눠 살펴볼 수 있다. 중국이 RTAs·FTAs를 추진하게 된 외교·안보적 차원의 가장 중요한 동기와 배경은 무엇보다도 중국이 이미 역내 지역 강대국 차원을 넘어 글로벌 대국으로 부상한 상황에서 중국 주도의 동아시아 질서를 재편해야겠다는 일종의 '중국 중심의 동아시아주의(Sino-centric East-Asianism)' 건설에 대한 의욕이다. 중국이 대국으로 부상함에 따라 동아시아 역내 국가들에게 '중국 위협론'을 확산시키기보다 오히려 역내에서 '책임대국외교(负责任的大国外交)'를 구사하면서 역내 긴장 완화와 '평화 발전'의 견인차 역할을 함으로써 '중국 기회론'을 전파할 수 있을 것이고 그 결과 과거 중화제국의 영광(Pax Sinica)을 재현해야 한다는 목소리가 내부로부터 확산되고 있다. 그 길이 중국 정부가 선전하듯이 '평화 발전의 길'이 될지 아니면 '패권 추구의 길'일지는 지금으로서는 누구도 장담할 수 없다. 그러나 최소한 외교·안보적 차원에서 중국이 FTA를 추구하는 가장 직접적인 배경이자 원인은 적어도 동아시아 지역 내 미국 중심의 패권 구도에 파열구를 내어 그 자리에 중국 중심의 질서를 건설하는 것으로 파악할 수 있다.

물론 중국 정부는 공공연한 미국과의 대립이나 충돌이 결코 중국에 도움이 되지 않는다는 점을 확실히 인식하고 있기 때문에 대체로 '방어적 현실주의'와 '자유주의'에 입각하여 미국과 대립의 예봉을 피해 왔다. 그리하여 미·중 양국은 서로 '책임 있

들에게 일방적으로 특혜관세를 제공하고 있다.

는 이익상관자(responsible stakeholder)'로서 대국 협조를 강조하고 있다. 중국 정부에 일정한 영향력을 지닌 중국개혁개방논단의 전 이사장 정삐젠은 중국의 협력적인 대미 태도 혹은 자세를 이른바 4C, 즉 '교류(communication)', '상호 보완(complementariness)', '협조(coordination)', '협력(cooperation)' 정신에 바탕을 두고 '같은 것은 추구하면서도 차이는 인정하는 구동존이(求同存异)'의 자세로 전략적 협력, 지역 협력, 비전통적 안보 협력과 문명 소통까지 확대·발전시키자고 주장한 바 있다(郑必坚, 2007: 157-160).

이 같은 중국의 온건한 대미 전략에도 불구하고 한편으로 중국이 중국 중심의 동아시아 경제통합을 가속화할 경우 지역 내 패권 형성의 가능성은 한층 더 높아질 것이므로 미국의 우려와 경계는 당연한 것인지도 모른다. 더욱이 중국이 장기적으로는 EU, NAFTA를 능가하는 중국 중심의 유라시아 FTA도 준비해 나가고 있기에 미국과 일본의 우려는 단순히 기우일 수 없는 것이다. 따라서 중국의 FTA 전략은 단순히 경제적 차원의 통합을 넘어서는 외교·안보적 차원의 목표도 함께 가지고 있다 하겠다.

다음으로 중국이 적극적으로 RTAs·FTA를 추진하는 특수한 정치경제적 원인과 배경은 무엇인가?

첫째, 가장 중요한 동인은 1990년대 초부터 두드러지기 시작한 새로운 RTAs·FTA 발전의 추세와 경향을 들 수 있다. 가장 큰 경제대국인 미국과 EU가 최근 들어 신속하게 RTAs·FTA를 추진하게 되었고, 이에 따라 1990년대 말 이래로 아시아 지역 내 많은 국가들 역시 단순한 다자무역체계로부터 지역무역협력체로의 전환을 대외무역 전략의 가장 중요한 구성 부분으로 간주하게 되었다는 점이다. 이에 따라 중국도 이런 추세를 적극적으로 활용하여 국가이익을 관철하기 위해 독자적인 RTAs·FTA를 추진하게 되었다.

둘째, 중국의 입장에서 보면 RTAs·FTA는 유리하고 안정적이고 예측 가능한 대외무역 환경을 조성하게 해 준다는 장점을 갖고 있다. 좀 더 구체적으로 말하면, 중국이 ASEAN이나 인도 등과 같은 국가들에 진출하여 한층 더 유리한 조건으로 시장에 진입하게 되면 이 거대한 잠재시장에서 경쟁력 있는 중국 상품을 판매할 수 있는 거대한 수출시장을 확보하게 된다는 이점이 있다. 아울러 중국 기업들이 해외직접투자와 인수합병을 지속적으로 추진함에 따라 RTAs·FTA는 장차 중국 본토 기업들의 해외투자를 유도할 수 있는 '해외진출(走出去)' 전략의 중요한 통로가 될 것이다.

셋째, RTAs·FTA는 단순한 경제적 이익 외에도 지정학적 정치목적과 전 지구적 전략을 실현할 수 있는 중요한 상업적 외교수단이기도 하다. 구체적인 예를 들자면, 중국과 홍콩, 중국과 마카오 사이에 체결한 '경제무역협력강화협정(CEPA)'은 '하나의 국가, 두 개의 제도(一国两制)' 구상을 현실화시킨 대표적인 사례라 할 수 있다. 아울러 ASEAN과 체결한 FTA는 경제적 이익을 넘어 주변 국가와의 '화목(睦隣)'과 '평화와 발전(和平与发展)' 그리고 '공동번영(共赢)'을 촉진시키는 대국책임외교의 또 다른 실례라 하겠다.

넷째, RTAs·FTAs는 중국에게 안정적으로 에너지 및 중요 자원을 공급해 줄 수 있는 통로이자 중국의 지속적인 경제성장을 담보해 줄 수 있는 안전판 역할을 한다.

다섯째, 중국이 RTAs·FTAs에 참가할 경우「중국의 WTO 가입 의정서」가운데 중국에 차별적인 조항ー제15조와 제16조ー이라든가 주요 선진국들(미국, EU 등)이 중국에게 '시장경제지위(MES: Market Economy Status)'를 부여하지 않음으로써 중국이 무역에서 겪게 되는 일련의 불이익ー가령 중국 제품에 대한 반덤핑 제소나 세이프가드 조치ー을 해소할 수 있게 해 준다는 이점이 있다. 따라서 중국은 2001년 WTO에 가입하면서 15년간 '시장경제지위(MES)'를 유예당한 이후 개별적으로 여러 나라들과 협상하여 시장경제지위를 얻기 위해 전방위적으로 RTAs·FTAs 외교를 추진해 왔던 것이다. 그 결과 아세안 10개국 및 호주, 뉴질랜드, 칠레, 파키스탄, 브라질, 아르헨티나 등 25개국 이상의 국가들이 중국에 MES 지위를 부여하게 되었다. 상대적으로 교역 규모가 큰 국가로서는 한국이 2005년 11월 중국에 그 지위를 부여했다.

여섯째, RTAs·FTAs는 중국 정부가 무역자유화 및 국내 규제 완화를 추진할 뿐만 아니라 산업구조 조정과 대외무역구조의 고도화 및 경쟁력 강화를 추진하는 데 매우 중요한 수단이 된다(盛斌, 2007: 65).

일곱째, 중국은 최대 수출시장인 미국과의 통상관계에서 해마다 늘어나는 대미 무역흑자로 인해 미국 측으로부터 받고 있

는 통상압력 - 위안화 평가절상, 시장개방 확대, 지적재산권 보호강
화 등의 요구 - 에 대응하기 위해서도 FTA를 중시하고 있다(이장
규·이인구·여지나·조현준, 2006: 62).

2) 정책 구상

최근 중국의 여러 학자들은 중국의 FTA 정책 구상과 태도를
여러 측면에서 분석하고 있다. 그들의 분석을 다음과 같이 정리
할 수 있다.

첫째, 다자무역체제(WTO 체제)의 곤경으로부터 출발하여 그
대안으로 FTA 경로를 적극 모색하고 있다. WTO 체제는 다자무
역제도인데다 구성국 사이에 이익마찰이 크며 협상의 도달까지
지불할 비용도 갈수록 늘고 있는 단점이 있다. 따라서 WTO 다
자무역제도 자체가 가지는 결함이 크게 부각되는데다 구성국
사이의 이익갈등과 대립이 첨예화하여 결국 중국이 그 대체제
도로서 FTA의 길과 지역경제통합(regional integration)의 길을 모
색하도록 했다(刘重力·盛玮, 2008: 54).

둘째, 경제적 상호 보완형 FTA와 경쟁형 FTA로 나눠 FTA 정
책을 주도하고 있다. FTA 체결은 각국의 경제주체들에게 동태
적 영향과 정태적인 영향을 미칠 수 있으므로 양국의 산업구조
가 경쟁형 구조인지 상호 보완형 구조인지 인식할 필요가 있다.
FTA가 경제주체들에게 미치는 영향은 크게 두 종류이다. 첫째
가 정태적인 효과이다. 가령 양국 간 관세 등 무역 제한을 철폐한

결과 구성 국가의 무역 발전에 직접적으로 영향을 미친다. 가장 대표적인 영향이 바로 '무역창조효과'와 '무역전이효과'라 할 수 있다(刘李峰·武拉平, 2006). 만약 FTA 국가 간에 산업이 경쟁 상태에 놓여 있다면, 설령 시장개방을 했다 할지라도 본국의 산업 규모가 크면 비용이 적게 들 것이므로 '무역창조와 전이' 효과를 낳기가 쉽지 않을 것이다. EU가 대표적인 사례이다. 둘째는 동태적 효과이다. FTA 체결 이후 무역자유화가 집단 내 생산효율을 제고시키고 자본축적을 증가시키는 효과를 낳을 뿐만 아니라 간접적으로는 각국의 경제성장을 촉진시킬 수 있다. 동태적 효과는 주로 '시장확장효과'와 '경쟁촉진효과' 및 '기술확산효과' 등으로 구분할 수 있다. 경제적 상호 보완형 FTA로는 중-칠레, 중국-파키스탄, 중-호주, 중-인도 등의 FTA를 들 수 있고, 경쟁형 FTA로는 중-ASEAN, 중국-GCC(걸프협력위원회) 등의 FTA를 들 수 있다.

셋째, 자원·에너지의 견지에서 FTA 전략을 추진할 필요가 있다. 중국은 세계 제2위 에너지 소비국으로 지속가능한 경제발전을 위해서는 안정적인 에너지 및 자원 공급이 필수적이다. 이런 국내 경제적 필요 때문에 중국 정부는 최근 들어 적극적으로 에너지·자원 확보 외교 및 FTA 외교에 전력을 기울이고 있다. 대표적으로 중동, 아프리카, 중앙아시아, 남미 등을 비롯하여 ASEAN, SCO, GCC, SACU, 아이슬란드 등에 정책을 집중적으로 투사하고 있다. 이들 지역의 자원·에너지 대국들은 중국이 우선적으로 FTA를 추진·발전시켜야 할 대상 국가들이다. 중국은 이 국가들과 경쟁적 관계이든 상호 보완적 관계이든 관계없이 FTA 체결을 서두르고 있다. 이러한 근거에서 중국은 '에너지·자원 외교' 정책을 강화하기 위해 다르푸르의 대량학살(20만 명)을 자행한 폭력정권인 수단 정부를 비롯해 짐바브웨, 우즈베키스탄, 미얀마 등 학살·독재정권을 지지함으로써 다른 국가들의 비난을 불러일으켰으며, 결과적으로 중국의 글로벌 책임대국 외교와 '소프트 파워' 외교에 심각한 타격을 받기도 했다(Morrison, 2008).

넷째, 비무역의 각도에서 FTA 정책을 추진하고 있다. 중국이 비무역의 각도에서 가장 중요하게 고려하는 점은 여러 나라들과의 FTA 체결로 '시장경제지위'를 획득하는 것이다. 그 다음으로 중요하게 고려하는 점은 중국 기업의 '해외진출'을 적극적으로 추진하는 것이다(董志勇·官靚·黃迈, 2008: 38-40). 해외진출 중국 기업들이 대체로 초대형 국유기업이기 때문에 '해외진출'에서 비교우위를 가지고 있다. 외양은 기업이 나서는 것 같지만 실은 국가가 직접 해외투자와 인수합병에 나서기 때문에 중국은 국제시장에서 경쟁력을 갖고 있다. 이런 점에서 중국을 국가자본주의로 평가할 수도 있다.

3) 특징

앞에서 살펴본 바와 같이 중국은 약 28개 국가 및 지역과 RTAs·FTAs를 추진하고 있다. 중국은 ASEAN+3 건설과 더불어 아시아를 넘어 전 세계를 대상으로 한 FTA 추진에 박차를 가하고 있는데, 그 총체적 구도와 방향은 '역내 주변 국가들에 의지하여 아시아 지역으로 확대·발전하며 전 세계를 동시에 고려한다(依托周边, 拓展亚洲, 兼顾全球)'는 것으로 요약할 수 있다.

중국은 지역협력의 중심으로서 동아시아와 아시아를 글로벌 비상의 발판으로 삼아 글로벌 네트워크를 구축하려고 노력하고 있다. 중국의 글로벌 비전은 최근 중국과학원이 제시한 '평화비둘기(和平鸽)' 개념으로 드러난 바 있다(中国科学院, 2008). 평화비둘기 구상은 향후 20~50년간 중국이 글로벌화와 현대화란 과제를 추진하기 위해 내건 새로운 지역협력·경제협력의 외교전략 개념이다.

중국은 또한 제17차 중국공산당 전국대표대회에서도 주변 국가들과 '함께 나누고(分享) 윈-윈 하는(共赢)' 지역협력 전략을 내세운 바 있다. 이것은 후진타오 정부가 집권하고 난 뒤 대외적으로 널리 선전했던 '조화세계(和谐世界)' 외교노선을 보다 새롭고 구체적으로 표현한 것이라고 할 수 있다.

21세기에 접어들면서 중국은 중화민족의 부흥을 위한 첫 돌파구로서 적극적으로 아세안과 FTA를 추진해 왔으며, 이를 통해 동아시아 지역 통합 과정에서 비교적 유리한 지위와 주도권을 행사해 왔다. 현재 중국이 추구하는 FTA의 주요 전략 목표는 동북아 일체화 과정을 한층 더 앞당기기 위해, 특히 한·중·일 FTA 건설에 있다.

지금까지 아시아 FTA(AFTA) 구상에 대해 다음의 세 가지 방안이 제기되었다. 첫째는 중국이 제출한 ASEAN+3 FTA 구상이다.

<표 2> 동아시아 핵심 국가들의 지역 통합 모델

국가	동아시아 FTA 모델
중국	ASEAN+3
미국	쌍무적 FTA + FTAAP
일본	경제적 동반자 협정(Economic Partnership Agreement: EPA) +ASEAN+6
한국	미국 중심의 동아시아 중재자형 모델: 미국→중국→일본 3단계 추진 모델

둘째는 일본이 2005년 동아시아정상회의(EAS)에서 제기한 ASE-AN+6(한국·중국·일본·호주·뉴질랜드·인도), 즉 '동아시아 전면적 경제연대협정(10+6: CEPEA)'과 동아시아식 OECD 구상이다. 이 것의 장기적 목표는 경제제휴와 지역협력을 통해 '동아시아 공동체(EAC)'로 나아가는 것이다. 셋째는 미국이 제기한 아태자유무역지대(FTAAP) 구상이다. 중국은 세 가지 아시아 FTA 구상 가운데 ASEAN+3 방안을 가장 선호하며, 이를 통해 국가이익의 최대화를 도모하려고 한다.

이와 같은 동아시아 핵심 국가들의 지역주의 형성을 향한 FTA 구상을 정리하면 <표 2>과 같다.

지금까지 살펴본 내용을 기초로 중국이 추진하는 FTA 전략의 특징을 몇 가지로 요약할 수 있다.

첫째, 중국의 FTA는 실용성과 탄력성을 지닌다. 중국은 지역 강대국이지만, 여전히 개발도상 과정에 있는 대국이자 지역 강대국에 머물고 있다. 따라서 중국이 구미 대륙과 FTA 협상을 추진할 수 있는 조건은 미성숙하다고 볼 수 있다. 비록 중국이 구미 대륙과의 무역량은 크다 할지라도 이미 구미 대륙의 선진 자본주의 국가들은 EU, NAFTA 같은 지역경제공동체를 가지고 있으므로 중국이 선택할 수 있는 파트너는 동아시아 국가이다. 다만 자원·에너지 등의 필요에 따라 선택적으로 다른 지역이나 국가와 FTA 협상을 추진 중이다. 따라서 중국은 자국의 필요에 따라 실용적이고 탄력적으로 FTA 전략을 구사하고 있다.

둘째, 중국의 FTA 추진 전략은 한걸음에 모두 이루는 급진적인 전개방식보다 자국의 국가 상황을 고려하여 순서에 따라 점진적으로 추진하는 방식을 취하고 있다. 가령 우선 조기추진 계획을 세워 협정을 체결하거나 부분상품의 관세를 감면하는 물품무역에서 시작해 점진적으로 투자, 서비스, 무역의 편리화를 추진하는 방식으로 나아가 상호 협력의 신뢰감을 높여 소기의 목표를 달성하는 방식을 취하고 있다(刘重力·盛玮, 2008: 57-58).

셋째, 양국 간에 단기간에 처리할 수 없는 민감한 부문에 대해서는 '쉬운 것부터 시작해 어려운 부문으로 나아가는(先易后难)' 점진적 방식을 취하고 있다.

5. 지역주의 경쟁과 중국

동아시아 지역에서 중국의 경제적 영향력이 날로 강화되고 있는 상황에서 구체적으로 CAFTA(중국과 ASEAN의 FTA, 2010년 발효), ASEAN+3(한·중·일) 등과 같이 중국을 중심으로 한 FTA

협력이 양자간·다자간 차원에서 급속히 확대되고 있다.

동아시아 지역 통합의 이해당사자이자 핵심 국가인 한국과 중국은, 2008년에 접어들면서 한층 성숙된 '전략적 협력동반자 관계'로 격상되었기 때문에 ASEAN＋3와 연계된 한중 FTA는 두 나라 모두에게 중요한 사안이 될 수밖에 없었고 중국은 한미 FTA보다 우선 한중 FTA를 추진하자고 적극 나섰다.

한국과 중국은 2004년 11월 정상회담에서 2005년부터 2년간 민간 차원에서 한중 FTA 공동연구를 개시하기로 합의하고 2005년 3월에 한중 FTA 추진 준비단계로 '한중 FTA 추진 타당성에 관한 연구 MOU'를 체결하여 공동연구에 들어갔다. 그 연속선상에서 2005년 5월 당시 중국 상무부 차관보는 한국에게 민감한 분야인 농산물에 대해 중국이 대폭 양보할 의사가 있음을 내비쳤다. 더 나아가 2005년 6월 원자바오 총리는 중국을 방문한 이해찬 총리에게 한국에게 불리한 주요 농산물은 FTA에서 배제할 수도 있을 것이라며 양국 간 조속한 협상 개시를 촉구하기도 했다(『조선일보』, 2005. 8. 3).

그러나 한국은 중국의 적극적 접근을 수용하지 못했다. 한미 FTA 체결을 계기로 중국과 일본이 한국과의 FTA 협상에 적극 나서 한국이 동북아 FTA, 나아가 동아시아 FTA의 허브 역할을 할 것이라는 한국 정부의 주장은 자가당착이었다. 이리하여 미국의 대중국 견제의 일환으로 한중 FTA가 뒤로 밀려나고 한미 FTA가 전면에 등장했다(최태욱, 2007c: 19;『한겨레』, 2006. 8. 10).

한국의 FTA 추진 전략에서 우선 대상국가가 미국인가 중국인가라는 논쟁을 좀 더 구체적으로 이해하기 위해 2005년 미 의회 연구서비스센터(CRS)의 보고서 내용을 참고할 필요가 있다. 이 보고서는, 중국이 동아시아 지역 내 FTA를 통해 자국의 경제적 영향력을 확대·강화하는 것을 막기 위해 미국은 일본·한국·타이완과 각각 양자 FTA 협상을 가능한 빨리 추진해야 한다고 촉구하고 있다(Nanto & Chanlett-Avery, 2005: 32). 사실 미국은 각 지역이 블록화되면서 미국 기업의 해외진출이 점차 어려워지자 이를 돌파할 수 있는 전략의 일환으로 동아시아 지역에서 FTA 전략을 적극적으로 추진해 왔다. 'ASEAN 사업 구상(Enterprise for ASEAN Initiative: EAI)'을 통해 드러난 것처럼, 미국이 ASEAN 각 국들과 '쌍무적 FTA 네트워크(network of bilateral FTAs)'를 강화하면서 미국 중심의 '바퀴통–바퀴살' 지배구조를 확산시켜 왔다. 한미 FTA도 그 연장선상에 있다고 볼 수 있다. 때문에 미국의 한미 FTA 전략에 대해 중국은 기본적으로 "(이 정책은) 아시아 지역 내 중국의 경제적 영향력을 억제하려는 전략적 의도의 일부"라고 간주했다(詹小洪, 2006; 莫莎, 2005; 李富有·何娟, 2007: 68; 宋国友, 2007).

한편으로 중국은 한중 FTA를 단순한 경제적 손익계산의 논리에 따른 '시장주도형 지역 통합(market-driven regional integration)' 모델에 입각해 추구했다기보다 중국 중심의 동아시아 지역 통합과 지역주의를 형성하려는 외교·안보적 정치논리가 더 강하게 작용했다. 즉, 한중 FTA에서 '정책주도형 지역 통합(policy-driven regional integration)' 모델이 더 우위를 점하고 있다고 볼 수 있다. 요컨대 중국은 ASEAN+1을 넘어 ASEAN+3로 나아가기 위한 전략적 교두보로 한중 FTA의 중요성을 주목했다고 볼 수 있다. 즉, 한중 FTA를 매개로 한 중국의 동아시아 지역 통합전략의 추진은 미국과 일본으로부터 역내 주도권과 영향력을 상쇄·환수하려는 '대중화(Greater China)'의 의도를 드러낸 것으로 볼 수도 있다.

장기적으로 동아시아 지역주의가 미국과 중국의 패권 경쟁을 넘어 성공적으로 달성되려면 다음과 같은 노력들이 병행되어야 할 것이다.

첫째, 자유제도주의적 경제협력의 관점에서 역내 국가 간 '공존공영의 FTA' 구축과 동아시아 지역 통합을 위한 노력이 요구된다. 이를 위해 ASEAN+3는 단계적으로 이뤄질 필요가 있다.

둘째, ASEAN과 타이완을 포함한 한·중·일 간의 영토분쟁 및 역사문제에 대해 탈민족주의적 '동아시아 공동체'를 지향하는 문화 창출 및 가치관의 확산과 함께 아시아 지역주의 정체성을 확립할 필요가 있다.

셋째, 한·중·일로 구성되는 동북아 지역주의의 핵심 삼각구도에서 한국이 동북아 지역의 안정과 평화를 위한 '지역적 중재자'로서 결정적 역할을 담당해야 한다. 이를 위해 6자회담을 통한 북한 핵문제의 공동해결은 우선적 과제이며, 6자회담 기제를 동북아 다자안보체제로 제도화할 필요가 있다. 아울러 북미·북일 수교로 이어져 '동북아 공동의 집'을 마련하기 위한 주변 4대 강국들의 노력도 필수적이다.

넷째, 지역 안보 전반과 에너지 안보에 있어 러시아의 적극적 참여를 권장하고 동북아 지역 내 에너지 다자안보협력을 확대해야 한다. 구체적으로 에너지 파이프라인, 운송로, 도시 간 네트워크를 포함한 지역주의 추진력을 성숙시켜야 한다.

다섯째, 특히 동아시아 중심 국가인 한·중·일 3국의 경제교류 확대 및 정치적 상호 신뢰관계의 회복을 바탕으로 FTA 협상을 성공적으로 이끌어야 한다.

여섯째, 주권 존중과 상호 이해의 관점에서 역내 협력 확대와 갈등 완화를 위한 공동의 노력이 필요하다.

한미 FTA가 동아시아의 통합과 공동체 형성에 적극적으로 기여하기보다 한국을 미국의 동아시아 '말뚝 국가(stake state)'로 만들어 대미 의존을 강화시키고 동북아 주요 국가들 간의 경쟁과 위기를 심화시키게 된다면, 한중 FTA를 통한 ASEAN+3 건설이 오히려 동아시아 지역협력 강화와 동아시아 공동체 형성의 기반을 조성할 수 있는 적극적 계기가 된다고 볼 수 있다. 따라서 동아시아 역내 FTA 문제가 단순한 경제적 손익계산을 넘어선 경제·정치·안보 등 다자협력의 주요 정책이라는 점에서 한중 FTA 구축이 보다 긴요한 과제라고 할 수 있다.

동아시아의 협력과 공동발전을 점진적으로 추진함으로써 동아시아 공동체는 단순히 신기루나 상상의 공동체를 넘어 현실화될 수 있는 주요 돌파구를 마련할 것으로 기대할 수 있다. 21세기 지역주의 추세가 거스를 수 없는 하나의 흐름이라는 점에서

NAFTA, EU에 이어 동아시아 공동체도 적극적으로 모색할 필요
가 있다.

　관건은 그동안 동아시아 역내에서 리더십을 상실했던 일본과
달리 중국이 동아시아 지역 통합과 공동체 건설에서 어떤 긍정
적 역할을 하느냐에 있을 것이다. 특히 미국 발 금융위기 이후 동
아시아 안정자로서 중국의 주도적 역할이 한층 더 기대된다. 글
로벌 대국으로 부상한 중국이 동아시아 역내에서 공격적 민족
주의가 아니라 협력적 민족주의를 추구하면서 동아시아 평화와
공동발전의 주역을 담당할 때 역내 국가 간 동아시아 공동체를
둘러싼 인식상 편차도 줄어들 것이며, 동아시아 공동체의 실현
가능성도 보다 높아질 것이다.

중국의 FTA
- 인식, 목적, 전략 -

1. 한중 FTA의 논의 과정과 쟁점

1) 논의 과정

왜 중국은 한국과 FTA를 체결하려 하는가? 현재 세계 각 지역 및 국가들 간에 발효 중인 FTA는 2008년 7월 현재 모두 211건이다. 또한 2007년 기준으로 전 세계 교역량의 50% 이상이 이러한 FTA 틀 내에서 이뤄지고 있다(한국외교통상부, 2008). 이를 통해 FTA는 현재 전 세계 국가 및 각 지역들이 대부분 받아들이고 있는 하나의 중요한 추세라는 것을 알 수 있다. 그러나 유독 한국·중국·일본이 위치하고 있는 동북아시아에서는 이러한 세계적이고 보편적인 현상이 통용되고 있지 못하다. 이는 동북아시아 각 국가들 간의 특히 중국과 일본 간의 인식이 서로 상이하기 때문인데, 그 핵심에는 동북아시아를 넘어서 동아시아 전체를 포괄하는 지역주의 형성 과정에서의 주도권 다툼이 있다(구기보·홍정륜, 2008).

한편 한국의 경우 역대 정권과 현 정권에서 어떤 지역주의 전략을 가지고 있는지 불명확하다. 보다 구체적으로 보면, 노무현 정권은 '평화와 번영을 위한 동북아 시대 구현'이라는 국정 목표를 추진하기 위해 동북아시아 FTA를 적극적으로 추진했으면서도 한미 FTA 협상을 먼저 타결하는 상반되는 전략을 채택했다. 따라서 노무현 정권의 지역주의 전략은 추진 과정에서 혼선을 빚었다고 할 수 있다(박창건, 2007). 이명박 정권은 취임사에서 "시장개방은 피할 수 없는 흐름이고……자유무역협정을 통해 국부를 늘려가야……"라고 밝혀 FTA에 대해 매우 적극적으로 임할 것을 공표했다. 그러나 과연 어떤 지역주의 전략 속에서 FTA가 추진되고 있는지가 분명하지 않다.

아무튼 한국이 적극적으로 중국 및 일본과의 FTA를 추진하고 있다는 점은 분명하다.[1] 일본과의 경우 1998년부터 FTA 관련 논의를 진행하고 2003년부터 본격 협상에 돌입했으나, 역사와 영토 문제 등 돌출변수의 등장으로 현재 교착상태에 빠져 있다. 안타까운 점은 매번 한국 정부가 전향적인 태도로 일본과의 관계 개선에 노력했으나 상술한 돌출변수들의 등장으로 실패했다는 것이다. 그러나 중국과의 경우 중국이 2002년 11월 한·중·일

---

1) 이는 노무현 정부와 이명박 정부 사이에 비교적 일관되게 유지되고 있는 기조라고 할 수 있다. 양 정부의 통상정책 기조에서 통일성이 유지된다고 주장한 견해는 남영숙, 2008 참조.

FTA 추진 의사를 가장 먼저 밝히고 사전 연구를 제안하는 등 매우 적극적인 모습을 보였고 이에 한국은 일본과는 달리 매우 적극적으로 화답했다. 이에 따라 한국과 중국은 현재 공식 협상 개시를 앞두고 있으며, 산관학 연구가 거의 종료되고 있다(<표 1> 참조).

2) 현황과 쟁점

현재 그간 양국 간의 논의에 힘입어 한중 FTA 체결을 위한 민간 차원에서의 분위기 역시 상당히 성숙된 상태이다. 현재까지의 민관 단위의 연구결과에 대해 한국 측의 입장은 두 가지 방향에서 정리할 수 있다.

우선, 긍정론이 있다. 이 논리의 근거는 다음과 같다. 첫째, 주로 2004년에서 2006년 사이에 발표된 일반균형모형(computable general equilibrium)을 이용한 연구 결과들은 한중 FTA 체결 시 한국은 최소 0.14%에서 최대 3.29%의 GDP 증가를 예상하고 있다. 이 수치들은 모두 각각의 중국 측 GDP 증가율보다 적게는 2배 많게는 6배가량 높은 것이다(남영숙 외, 2004; 신태용 외, 2005; 정인교, 2006:111-138). 둘째, 역시 일반균형모형에 따른 분석 결과, 양국 간 교역량이 늘어나는 것으로 나타났다. 특히 한국의 중국 수출은 140억 달러 정도 증가하는 것으로 나타났다(채욱 외, 2005). 그 밖에도 최근 나타나고 있는 중국 수출 증가세의 둔화 회복에 기여하여 세계 최대 시장인 중국 시장에서 특히 주요 경쟁 대상

<표 1> 한중 FTA 추진 경과(2008년 8월 기준)

시기 구분	활동(기간)	성과 및 논의 사항	비고
준비 단계	ASEAN+3 경제장관회의 도중 열린 한·중 통상 장관 회담(2004.9)	민간공동연구 개시 추진 합의	
	민간공동연구 (2005~2006)	산관학 공동연구 필요성 제기	국무원 발전연구중심과 대외경제정책연구원 간사 연구기관으로 기능
	APEC 각료회의 도중 열린 한·중 통상장관 회담(2006.11.17)	산관학 공동연구 개시 합의	
산관학 공동 연구 단계	한중 FTA 산관학 공동연구 제1차 회의 개최 (2007.03.22-23)	공동연구 운영 계획, 연구 보고서 목차 및 체계 확정	장소: 베이징
	한중 FTA 산관학 공동연구 제2차 회의 개최 (2007.07.03-4)	상품 분야 보고서 초안 논의	장소: 서울
	한중 FTA 산관학 공동연구 농업·수산업·임업 등 전문가 회의 개최 (2007.09.18-19)		장소: 상하이
	한중 FTA 산관학 공동연구 제3차 회의 개최 (2007.10.23-25)		장소: 웨이하이
	한중 FTA 산관학 공동연구 제4차 회의 개최 (2008.02.18-20)		장소: 제주
	한중 FTA 산관학 공동연구 제5차 회의 개최 (2008.6.13-15)		장소: 베이징

출처: 한국외교통상부, 「한중 FTA」(http://www.fta.go.kr/user/fta_korea/info.asp?country_idx=23(검색일자, 2008년 9월 10일).

국 일본과 타이완에 비해 선점 효과, 투자환경 개선과 서비스 시장 개방 효과 등이 기대되고 있다. 이러한 긍정적 효과를 예상하는 연구 결과와 비슷하게, 대한상공회의소가 2007년 11월 수도권 300개 기업을 대상으로 한 조사에서 64.6%가 한중 FTA는 한국 기업에게 유리하다고 응답했고, 한국무역협회가 같은 시기에 실시한 조사에서도 392개 대중국 무역업체 중 74.7%가 한중 FTA에 찬성한다고 대답했다(지만수, 2008).

이상과 같은 긍정적인 효과에도 불구하고 신중론도 있는데, 이 또한 대부분 경제적 측면에서 접근하고 있다. 첫째, 양국 간 교역의 특수성, 즉 한국의 대중 수출입에서 일반무역이 차지하는 비중은 29.1%에 불과하여 대중국 수출 증대효과는 제한될 것이며, 양국 간 교역 현황을 고려한 관세율은 한국(4.62%)이 중국(2.7%)보다 높아서 한국에 크게 유리하지 않다(이장규 외, 2006). 둘째, 한국은 주로 서비스, 투자, 정부 조달, 지적재산권 같은 기타 이슈 부문에서 집중적인 공략을 펼쳐야 하는데 이에 대해 중국 측이 소극적 태도로 나오고 있다(양평섭 외, 2008). 셋째, 현재 한국과 중국 간의 무역 및 투자 관계는 FTA 없이도 지리적 근접성, 문화적 유사성, 중국의 낮은 생산비용과 엄청난 잠재적 소비시장을 바탕으로 빠른 속도로 확대·심화될 것이고, 시간이 갈수록 양국 간 경제는 통합이나 다름이 없는 수준의 상호 의존도를 보일 것이다. 실제로 한국의 대외 무역에서 주요국이 차지하는 비중을 보면 1990년에는 미국 26.9%, 일본 23.1%, 중국 2.1%였으나, 2005년에는 중국 18.4%, 일본 13.2%, 미국 13.1%로 그 순위가 급변했다. 2007년에도 중국이 21.8%로 제일 높다. 그리고 한국의 해외 투자에서 중국이 차지하는 비중 역시 1992년 11.6%에서 2007년 38.4%로 급증했다(한국수출입은행, 2008).

전반적으로 보면, 한중 FTA 논의 초기에는 낙관론이 대세를 이루다가, 현재에는 낙관론과 신중론이 대등하게 나타나고 있는 상황이다.[2] 그러나 두 관점 모두 경제적 효과에 주장의 근거를 두고 있다. 또한 중국의 FTA 추진은 경제적 목적보다는 동아시아 지역주의 형성 과정에서의 주도권 경쟁에서 우위를 차지하고자 하는 의도에서 나온 것이라는 점을 인정하고 있다. 따라서 외교·안보적인 차원에서 한국은 어떤 전략을 가져야 하는가, 구체적으로는 동아시아 지역주의 형성 과정에서 어떤 전략을 가지고 임해야 하는가라는 측면에서 한중 FTA 문제를 접근할 필요가 있다.

이러한 전략을 마련하려면 한중 FTA에 대한 중국 측의 보다 구체적인 인식, 목적과 전략을 살펴볼 필요가 있다. 보다 상세한 고찰을 위해 우선 중국의 한반도 인식에 대한 역사적 조망과 함께 그 속에서 도출되는 중국의 한중 FTA에 대한 인식을 살펴볼 것이다. 또한 중국은 한중 FTA에서 어떤 목적을 추구하고 있는 것인가를 중국이 다른 지역이나 국가와 추진한 FTA 사례와의

---

2) 중국의 상황도 비슷하다. 중국의 FTA 주관 부서인 상무부 내부에서 지도부는 적극 추진을 주장하는데 반해, 실무 단위에서는 경제적 효과의 측면에서 한중 FTA에 대해 매우 신중한 태도를 보이고 있다. 한국외교통상부 관계자 인터뷰(서울. 2008년 7월).

비교를 통해 분류하고, 이를 바탕으로 지역 외적·내적 차원에서 중국의 목적과 의도를 살펴볼 것이다.

2. 중국의 한반도 인식과 FTA

1) 한반도에 대한 중국의 인식 변화

중국은 북한과 남한 모두에 영향력을 미치고 있는 세계에서 몇 안 되는 나라 중 하나인데, 이것은 중국이 갖는 한반도에서의 특수한 지위와 인식에서 그 원인을 찾을 수 있다. 보다 구체적으로는 중국과 미국의 관계 및 상대국에 대한 인식 변화에 근본적인 원인이 있다. 역사적으로 중국과 미국은 한국전쟁 당시 전후 동아시아 질서 재편 과정에서 한반도의 전략적 중요성을 포착하고 개입해 왔다. 즉, 전통적으로 대륙세력과 해양세력이 교차하는 전략적 요충지인 한반도가 어느 한 세력에 의해 일방적으로 지배되는 것을 저지해야 한다는 것이 미국과 중국이 공통으로 추구한 최저 목표였다면, 최대 목표는 한반도를 자신의 핵심적 영향권 안에 두는 일이었다. 그 결과 1950년 이후 1972년까지 중국은 구소련과 함께 북한을 북방 삼각동맹의 일원으로, 미국은 한국을 일본과 함께 남방 삼각동맹의 일원으로 편입시키면서 대립관계를 형성했다.

이러한 대립관계는 1972년 이후 중국과 미국의 화해 국면을 거치면서 상당히 해소되는 듯했으나, 국내외적 장애요인으로 교착상태에서 벗어나지 못한 채 관계 정상화가 이루어지지 않았다. 따라서 중국-북한, 미국-한국 그리고 남북 관계에서 큰 변화가 발생하지 않았다. 한편 개혁·개방 이후 중국은 1980년대 비공식적인 차원에서 한국과의 관계가 상대적으로 밀접해졌으나, 전통적인 동맹 국가인 북한을 의식해서인지 국교 수립까지 추진할 정도로 적극적이지는 않았다.

그러나 1989년 톈안먼 사건으로 취해진 미국을 비롯한 서방 세계의 제재 조치를 극복하기 위해 중국은 한국을 비롯한 주변 국가들과의 관계 개선을 적극적으로 추구했다. 한편 한국은 경제발전과 민주화를 통해 축적된 자신감을 바탕으로 구소련과 동구 및 중국 등 사회주의 국가들과의 관계 정상화를 위한 '북방'정책을 추진하게 되었다. 이렇게 두 나라의 국내외적인 상황이 맞물리면서 마침내 1992년 한중 수교에 합의했다.

중국의 입장에서 한중 수교는 미국의 대중국 봉쇄정책망 구축을 저지할 수 있는 주요한 돌파구였다. 그러나 동시에 전통적 동맹국인 북한의 반발을 가져왔다. 중국의 이러한 태도는 직간접적으로 북한에게는 매우 심각한 체제 위협으로 인식됐고, 독자적인 핵과 미사일 개발에 박차를 가하게 되는 하나의 계기가 되어 1994년 제1차 북한 핵 위기를 촉발시켰다. 따라서 한국과의 수교는 중국에게 득실을 함께 안겨준 정책이었다고 평가할 수 있다.

한편 미국은 클린턴 정부의 등장 이후 중국과의 협력관계를 기초로 동북아시아의 안전과 번영을 추구하는 것이 국익에 유리하다고 판단하여 이를 외교·안보의 기본 정책 방향으로 삼았다. 이에 따라 북한 핵 위기는 수면 아래로 가라앉고 중국과도 일시적인 협력관계가 형성되었다. 중국으로서는 북한과의 상대적 소원함을 대가로 얻은 미국과의 협력 그리고 한국과의 관계 개선은 그리 나쁜 거래가 아니었다. 표면적으로 미국과 1998년 전략적 동반자(strategic partnership) 관계를 맺는 등 진전이 있었지만, 중미 관계는 이후에도 갈등을 겪게 되었다. 중국의 WTO 가입을 둘러싼 갈등, 베오그라드 주재 중국 대사관 폭격 사건, 정찰기 충돌 사건 등을 거치면서 미중 관계는 진전과 후퇴를 반복했으며, 부시 정부 후반기에 '책임 있는 이해상관자(stake holder)' 관계를 구축했다.

이러한 갈등을 겪으면서 중국은 미국의 진정한 의도가 중국이 경쟁세력으로 등장하는 것을 막으려는 데 있다고 판단했다. 중국은 국제관계의 민주화, 즉 다극화를 추진하고 동아시아 지역에서 자신의 영향력을 제고시킴으로써 미국의 자신에 대한 견제에 대응하려 했다. 그리고 이러한 인식에 기반하여 중국은 향후 더욱 적극적인 자세로 한반도 문제에 개입하게 되었다. 다시 말해 중국은 한반도에서 영향력을 확보하고 강화하는 것이 국제적 지위를 증대시키고 미국의 견제를 상쇄시키는 유효한 방법이라고 보았다(서진영, 2002: 17-20). 또한 최근 들어 중국은 국제사회에서 미국의 외교 정책에 피동적·중립적으로 순응하는 도광양회(韜光养晦)·평화굴기(和平崛起) 등의 외교 노선에서 벗어나 미국의 외교 정책과 차별화된 가치관을 보다 적극적으로 전파하면서 자국의 영향력을 확대하려는 의도를 내포한 '조화외교' 노선을 취하고 있다(丘平, 2006).

이에 중국은 한반도에 대해 자신의 안보 확보에 필요한 완충 지대로 상정하던 종전의 전통적 인식에 덧붙여, 중국이 계속 발전해 나가는 데 평화로운 환경을 조성하는 주변 지역으로서의 한반도, 적극적인 의미로 미국과의 동아시아 주도권 다툼에서 매우 중요한 전략적 지역으로서의 한반도를 포착하게 되었다. 따라서 이 시기에 중국은(물론 이 시기 한국의 김대중·노무현 정권이 갖는 상대적으로 호의적인 태도와도 관련 있지만) 경제적 측면에만 국한되었던 한국과의 관계 개선의 폭을 정치 및 군사 영역까지 확대했다. 여기서 더 나아가 2008년 5월 중국을 방문한 이명박 대통령은 양자 관계를 넘어 지역 문제와 국제 문제를 논의할 수 있는 전략적 협력동반자 관계를 맺기도 했다.

그러나 김대중·노무현 정부는 각각 '동아시아 공동체', '동북아 시대' 등의 일정한 정책 기조하에서 대중 관계의 진전을 모색했지만, 이명박 정부가 어떤 배경에서 한중 관계의 격상을 결정했는가에 대해서는 불분명하다. 특히 이명박 정부의 한미 동맹 중시론과 대북 정책에 대해 중국은 의혹의 시선을 보내고 있다. 이는 두 차례 정상회담 과정에서 벌어진 한미 동맹에 대한 중국의 역사적 폄하, 현 정부의 대북 정책에 대한 중국의 반응 등으로 표면화되었다(최경준, 2008). 더욱 중요한 것은 중국이 한미 동맹의 강화와 한중 관계의 발전을 동시에 진행할 수 있다는 한국 정부의 인식에 부정적이라는 점이다. 따라서 한국과 중국 간에 구축한 전략적 협력동반자 관계의 실제적인 의미에 대해 여전히 평가를 유보할 수밖에 없다.

한편 중국은 한중 수교 이후 경색된 북한과 관계를 회복하기 위해 노력해 왔다. 그러나 북한은 1996년에는 타이완의 핵폐기물을 수입하고, 1997년 초에는 타이완과 무역대표부 설립을 시도하기도 했다. 이런 상황에서도 중국은 1990년대 중반 북한이 가뭄과 홍수 등으로 대규모 식량난에 직면하자 곧바로 경제적 지원에 나서는 등 정도는 약해졌으나 북한 체제의 안정을 위한 지원을 계속했다.

그럼에도 불구하고 북한과 중국 관계는 회복의 기미를 보이지 않다가 1990년대 말 심화된 중국과 미국 간 대립으로 중국의 입장이 변화하면서 다시 활기를 띠게 되었다. 즉, 중국은 한편으로 북한 핵 위기 시 적극적인 개입으로 영향력(특히 억제력)을 과시하면서 이를 미국과의 관계 개선용 카드의 하나로 활용하고, 다른 한편으로 북한 체제를 유지시킴으로써 한반도에서 미국의 영향력이 확대되는 것을 억제하기 위해 보다 적극적으로 북한과 관계 개선을 꾀했다. 이에 따라 1999년 6월 북한의 김영남 최고인민회의 상임위원장이 중국을 방문했을 때 중국의 국가주석 쟝쩌민은 이러한 의사를 분명히 전달했고, 이에 심각한 경제난과 대외적 고립상태에 빠져 있던 북한이 화답하면서 양국 관계는 다시 정상화되기 시작했다. 이후 김정일 국방위원장이 2000년과 2001년 중국을, 쟝쩌민 국가주석이 2001년 북한을 방문함으로써 양국 관계의 복원은 가시화되었다.

그러나 복원된 북중 관계는 이전의 순치관계 또는 혈맹관계로의 회귀는 아니었다. 앞서 지적한 대로 중국은 대미 관계에서의 카드로 기능할 수 있도록 필요하면 2004년 제2차 북한 핵 위기와 같이 각종 압박 조치를 취하기도 하고, 다른 한편으로 북한 정권의 체제 변화, 즉 중국식 변화를 유도하고 있다. 현재 북한은 이러한 상황을 잘 파악하고 있었기 때문에 중국과의 관계에서 미국 변수를 나름대로 활용하고 있으며, 특히 핵 실험 강행 이후에는 중국과의 관계에서 상당한 정도의 협상력을 확보했다고 판단할 수 있다(주장환·이동영, 2008: 48-66).

2) 한중 FTA에 대한 중국의 방향 전환

현재 중국은 한반도의 남북한 가운데 어느 한쪽으로 일방적으로 기울기보다는 양쪽 모두와 긴밀한 관계를 유지하려는 이른바 '균형정책'을 펴나가고 있다. 중국의 균형 정책은 매우 적극적인 의미를 가지는데, 한반도에서 일정한 영향력의 유지하고 확대하기 위해 단순한 등거리 내지 중립의 입장을 넘어서서, 주도적으로 강온 전술을 병행하면서 관계를 조절한다는 것이다(김재철, 2004: 36-38). 이처럼 중국은 자국 주도의 정치·경제·안보적 이익을 극대화할 수 있는 동북아 신국제질서의 확립과 이를 통한 세계적인 전방위 외교 추진이라는 차원에서 한반도를 인식하고 있으며, 다른 측면에서는 중장기적인 미·일·러와의 관계 변화 국면에서 보다 유리한 지위를 차지하겠다는 인식도 가지고 있다(문흥호, 2005: 85-86).

현 단계에서 중국의 한국과 북한에 대한 정책 목표는 다음과 같이 정리할 수 있다.

북한에 대해서는 한마디로 중국과 유사한 방식으로 계획경제 체제를 탈피해 가는 우방국으로 그 성격을 규정하고, 이에 필요한 지원과 정책 유도를 동시에 진행하고 있다.

지원의 측면에서 보면, 2008년 6월 시진핑 중국 국가부주석의 방북에서도 상당한 규모의 식량 지원 등을 약속했듯이 북한의 경제적 곤란을 당장 해결할 수 있도록 중국은 식량 및 에너지를 지원하고 있다(송홍근, 2008: 20-22). 경제협력과 관련되어 중국은 광석 자원 개발이나 낙후 및 오염 배출 산업의 북한 이전을 계획·추진하고 있는데, 2003년부터 시작된 '진흥(振興)동북' 계획의 일환으로 본격적으로 진행되고 있다.

또한 중국이 의도하는 북한의 '중국식' 변화에 한중 FTA가 일정한 긍정적인 효과를 가져다줄 것으로 중국은 판단하고 있다. 왜냐하면 한중 FTA를 통해 조성될 한중 양국 관계의 발전은 북한을 압박하고 견인할 수 있는 매우 유용한 기회를 제공할 수 있다. 물론 중국이 북한을 직접 자극하는 방식으로 한중 FTA를 이용할 가능성은 낮지만, 북한으로서는 경제적인 측면에서 양국 관계의 발전을 표면적으로 반대할 수도 없을 뿐만 아니라 중국의 대한반도 정책의 변화와 이전과는 다른 선택을 할 가능성이 높아지면서 이에 대한 불안감을 가질 수 있다. 그리고 중국 측이 의도하는 한중 FTA의 목적 중 하나는 동북 지역 발전에 새로운 활력을 불어넣기 위한 것이다. 북한과의 주요 교역과 산업 이전 등이 주로 동북 지역에서 이루어질 것이기 때문에 동북 지역의 발전은 북한에 대한 경제적 측면에서의 근접성을 더욱 강화시킬 수 있다고 판단하고 있다.

한편 한국에 대해서는 경제적 호혜협력 관계에 머물지 않고 외교 및 안보적 영역의 협력까지 확대하여 중장기적으로 한반도에서 미국의 영향력을 약화시키고 동아시아 지역주의 형성에서 주도권을 차지하고자 한다. 바로 이 점이 중국이 한중 FTA에 대해 상대적으로 적극적인 이유이다. 이중 가장 중요한 것은 한국의 미국에 대한 확실한 태도이다. 물론 그동안 한중 관계에 대한 고려로 인해 한국은 국제기구에서 미국과 중국의 의견이 대립될 경우 기권하기도 했고, 1999년 전 지역 미사일 방어체계(TMD)에 참여하지 않기로 결정하기도 했다. 그러나 미국과의 동맹 관계를 지속시키겠다는 한국의 의도는 정권이 교체되어도 근본적으로 변화하지 않고 있다.

따라서 중국의 입장에서 한국과의 FTA는 경제적 차원을 넘어 경제적 차원의 장애물을 일정 정도 극복하고자 하고 있다. 왜냐하면 FTA는 통상 정책이기는 하지만 한 국가의 대외 및 대내 전략의 복잡한 상호 관계에 대한 판단의 결과이기 때문이다. 일반적으로 FTA는 경제적 차원을 뛰어넘는 효과를 가져온다. 이런 점에서 중국은 FTA를 동아시아 정책 실행을 위한 수단으로 활용하고자 한다. 즉, 동아시아 지역에서 미국의 영향력을 약화 내 지역균형(counter-balancing)시킬 수 있는 기제로 한중 FTA를 접근하고 있다. 이처럼 중국은 경제적 효과보다는 다른 효과를 중시하여 낮은 차원에서라도 한국과 FTA를 추진하고자 하는 것이다.

3. 한중 FTA에 대한 중국의 목적과 의도

1) 중국의 의도와 목표

한중 FTA에 대해 중국은 어떤 목적과 의도를 가지고 있는가? 경험적으로 볼 때 중국은 개별 국가 및 지역과 FTA를 추진하는 데 원자재 및 에너지 등 자원 확보 및 규모의 경제 달성과 경제 효율을 증대하는 것 등을 포함한 경제적 효과, 강대국 견제와 주변국과의 관계 개선 및 강화, 자국 중심의 지역주의를 형성하고자 하는 외교·안보적 효과 등 세 가지 목적을 고려하고 있다(강준영·정환우, 2007: 3-30). 중국이 한국과 FTA를 추진하려는 목적은 주로 경제 및 외교·안보적 효과에 있다고 할 수 있으며, 부수적인 목적으로는 중국 내 지역균형 발전전략에의 지원 효과를 꼽을 수 있다. 최근의 한 연구에 따르면, 중국이 FTA를 추진하는 동기를 우선순위로 배열했을 때 지리적 근접성, 자원 확보, 외교·안보적 효과, 경제적 효과로 나타났다(이장규 외, 2006).

이 네 가지 동기에 근거해 따져 본다면, 중국에게 한국은 자원 확보 차원에서 효용가치가 크지 않고 지리적 근접성은 자연적인 요소로 간주할 수 있다. 따라서 동아시아 지역주의를 둘러싼 미국·일본과의 주도권 경쟁 측면 ─ 외교·안보적 측면 ─ 에서 한국과의 FTA를 우선적으로 중시한다고 할 수 있다. 즉, 외교·안보적 목적이 주된 것이며, 경제 및 지역균형 발전 측면에서의 목적은 상대적으로 부차적이라고 할 수 있다. 이 점은 한국이 중국과의 FTA를 고려할 때 매우 중요하다. 즉, 중국이 외교·안보적 차원에서 한국과의 FTA를 통해 무엇을 얻어 내려 하는지 또한 이를 위해 어떤 전략을 구사할 것인지를 살펴보는 것은 의미 있는일이다.

2) 외교·안보적 고려 요인

중국은 외교·안보적 차원의 고려가 우선시된 상태에서 한국과의 FTA를 추진하고 있는 것으로 볼 수 있다. 그렇다면 과연 구체적으로 어떤 외교·안보적 고려가 중시되는 것인가? 이를 지역 외적과 내적 차원으로 나누어 보자. 우선 지역 외적 차원에서 미국에 대한 전략적 견제, 즉 동아시아에서 갖는 미국의 영향력에 대한 역균형 기제의 마련이라는 동기가 있다. 지역 내적 차원에서는 동아시아 지역주의 형성 과정에서 벌어지고 있는 일본과의 주도권 경쟁에서 유리한 고지를 차지하기 위한 의도를 담고있다.

현재 미국은 동아시아에 대해 정치·군사적 차원은 물론이고, 경제적 차원에서도 영향력 확대를 추구하고 있다. 단적인 예로 미국 내에서도 한국과의 FTA에 대해 2006년 2월 부시는 "한미 FTA의 추진은 양국 모두에게 중요한 전략적 이득을 가져다줄 것이며, 미국의 동아시아 개입을 증진시킬 계기를 마련해 줄 것"이라고 강조했다. 또한 미국의 아시아-태평양 전략의 기본 지침을 담고 있는 아미타지와 나이가 쓴 보고서는, 향후 미국의 세계 전략 핵심은 아시아-태평양이며, 그중에서 동아시아 전략의 핵심은 미일 동맹이라고 밝히고 있다(Armitage, R. & Nye, J., 2007). 이런 점에서 한미 FTA도 보다 적극적인 미국의 동아시아 개입 전략의 경제적 맥락에서 이해될 수 있다.

미국은 동아시아 자체의 배타적인 지역주의 형성에 대해 일관되게 부정적인 태도를 보여 왔다. 즉, 미국은 동아시아의 안정과 번영이 '아시아-태평양 방식(Asia-Pacific Way)', 즉 APEC을 이루어지기를 희망해 왔다. 그러나 1997~1998년의 외환위기 이후 동아시아 국가들 사이에 형성된 이른바 '동아시아 방식(East Asian Way)', 즉 1997년 아시아 금융위기를 계기로 결성된 아세안 국가들과 동북아 3국의 협의체인 ASEAN+3에 적극 참여하는 것을 의혹의 시선으로 주시해 왔다(최청호, 2007: 217-218). 이 과정에서 미국은 실제로 일본을 견제하기도 했다. 1997년 아시아 외환위기 상황에서 일본은 미국 주도의 APEC이 무기력하다는 것을 확인하고 아시아통화기금(AMF) 설립을 통해 아시아 경제 지원 및 회생에 나서고자 했지만 미국의 강력한 반대에 부딪쳐 무산되었다(전기원, 2006: 160).

그러나 미국이 보다 주요한 위협으로 인식하고 있는 국가는 바로 중국이다. 미국은 중국이 특히 최근 들어 ASEAN과의 관계를 긴밀히 하면서 FTA를 추진했고, 동북아 FTA에 적극적인 자세를 보였으며, 2005년 동아시아 국가들만의 동아시아정상회의(EAS) 설립을 제안하는 등 태평양 등 지역 외 국가들을 배제하는 동아시아만의 배타적인 지역주의 형성을 주도한다고 보고 있다. 비록 다른 사안들은 개별 국가 간의 관계여서 대응할 수 없었지만, 2005년 EAS 설립과 관련해서는 일본을 통해 미국이 적극 개입하였다. 즉, 중국이 위협이라는 공통의 인식을 바탕으로 일본을 추동하여 친미 성향의 국가인 호주와 뉴질랜드 그리고 중국을 견제할 만한 신흥대국 인도를 끌어들인 것이다. 물론 이렇게 동아시아 지역 외 국가들까지 포함된 EAS는 강력한 응집력을 가진 규범적 공동체로서 나아가는 데 많은 한계를 가지고 있다.

현재 미국과 중국은 동아시아에서 자신의 주도권 확대를 위해 경쟁하고 있다. 미국은 지역협력체 형성에 소극적이던 기존의 태도를 바꾸어 아시아 지역에서 자국의 정치·경제적 이익을 반영할 지역협력체로서 APEC을 강화하고자 한다. 반면 중국은 그동안 신장된 국력과 경제력을 바탕으로 미국에 대해 그리 우호적이지만은 않은 ASEAN 및 다른 동아시아 국가들과 적극적인 관계 개선을 통해 독자적이고 배타적인 동아시아 지역주의를 형성하려고 하고 있다.

이러한 미국과 중국 간의 줄다리기에서 중요한 위상을 가진 국가는 한국과 일본이라고 할 수 있다. 일본은 미일 동맹을 공고히 한다는 입장을 분명히 하고 있고, 한국은 경제적 측면에서는 중국과의 협력에 적극적인 태도를 보이고 있지만 한미 동맹의 강화라는 정책 기조를 유지하고 있다. 따라서 한국과의 FTA 체결은 중국으로서는 미국의 대동아시아 구상에 일정한 균열을 낼 수 있는 사건으로 인식하고 있다. 이 점에서 한국과의 FTA가 경제적 효과를 가져다주지 않을지라도 중국의 입장에서는 이를 매우 적극적으로 추진할 수 있다는 개연성이 있다. 또한 중국의 FTA 추진 동기 분석에서 지리적 접근성을 가장 중요한 고려 사항으로 분석하는 것도 이러한 중국의 의도를 뒷받침한다고 할 수 있다.

이와 동시에 중국은 지역 내 주도권 경쟁에서 일본보다 유리한 고지를 선점하기 위해 한중 FTA에 대해 적극적인 자세로 나오고 있다. 흥미롭게도 중국은 당초 동아시아 지역의 통합 경제를 성립시키기 위해 아시아 지역에서 경제적 비중이 높은 일본 및 한국과 동시에 동북아 FTA를 추진하려고 노력했다. 이러한 중국의 입장은 2002년 11월 한·중·일 정상회담에서 원쟈바오 중국 총리가 삼국 간 FTA를 공식적으로 제의하면서 분명해졌다. 그 후 중국 상무부 연구원은 2003년 5월 「중·일·한 자유무역지구 가능성 연구(中日韓自由貿易區可行性硏究)」를 발표하면서 삼국 간 FTA 체결을 위한 조건이 성숙됐음을 이론적으로 뒷받침하고자 했다. 그러나 일본의 반응은 냉담했으며, 이에 대해 완곡하게 거부 의사를 밝혔다(於蘇, 2006: 1-7). 반면 한국은 삼국 간 FTA에 대해 긍정적 반응을 보이며 적극적인 태도를 취했다. 대책 마련에 부심하다가 중국은 우선 한국과 FTA를 추진하는 쪽으로 입장을 정리했다.

그렇다면 왜 일본이 동북아 FTA에 소극적인 자세를 보이고 있는가? 이는 이미 동아시아 지역주의 형성 과정에서 중·일 양국이 경쟁 관계에 돌입했다는 것을 의미한다. 실제로 일본은 동아시아 지역주의 형성 과정에서 중국이 매우 공세적인 접근을 보이기 이전까지 동아시아 배타적 지역주의에 대해 매우 소극적이었다. 왜냐하면 일본은 배타적인 지역주의보다 개방형 자유무역 원칙이 자국의 발전과 성장을 유지할 것으로 믿었기 때문이다.

그러나 대부분의 다른 국가들과 마찬가지로 1997~1998년 아시아 외환위기 이후 이러한 인식은 변화하기 시작했다. 더구나 2000년대 들어서 중국이 본격적으로 동아시아 지역 및 국가들과 FTA를 추진하며 동아시아 지역주의 형성에 공세적으로 나서기 시작하면서 일본은 긴장하기 시작했다(설규상, 2007: 115-141). 2001년 11월 중국이 ASEAN과 FTA을 체결키로 합의한 두 달 후인 2002년 1월 고이즈미 일본 총리의 동남아 순방 시 싱가포르와 첫 번째 무역협정을 체결하면서 일본은 본격적으로 동아시아 지역주의 형성 과정에서 뛰어들었다. 이후 ASEAN, 말레이시아, 태국, 필리핀, 한국 등과 협상을 개시했다. 2008년 2월 현재 싱가포르, 멕시코, 칠레, 타이, 브루나이 등과 협상이 타결되었다. 멕시코, 칠레 등을 제외하면 모두 아시아권 국가라는 점이 특징이다. 그러나 아시아 지역 주요 국가와의 협상은 대부분 중단된 상태이다.

이러한 상황을 극복하고 지역주의 형성 과정에서 중국과 경쟁하기 위해 2006년 일본 정부는 2004년 이래로 견지해 오던 경제협력협정(Economic Partnership Arrangement: EPA) 촉진 정책에서 FTA 혹은 투자협정 중 상대국의 경제 조건을 고려하여 선별적으로 접근하기 시작했다. EPA는 상품무역에 관한 관세 철폐에 한정되는 FTA와는 달리 투자, 서비스무역, 지적재산권, 협력 등을 포괄하는 경제협정이어서 FTA보다 훨씬 더 복잡한 협상 과정과 긴 시간을 필요로 했기 때문이다(곽진오·강철구, 2008: 6-10).

일반적으로 신자유주의적 제도주의자들이 주장하는 바와는 달리, 현재 중국과 일본은 서로 경쟁하고 있다. 즉, 양국 간에 높은 경제적 상호 의존관계 때문에 지역 내 잠재적 패권 세력인 두 국가 모두가 상호 이익의 인식 속에서 협력 관계의 제도화를 위해 공동으로 노력할 것이라는 주장과는 다르게 행동하고 있다.

중국은 미일 안보조약의 강화가 사실상 자국을 겨냥하고 있다고 보고 있으며, 일본 역시 경제적 측면에서 중국 경제의 급성장이 일본 경제를 장기적으로 위협할 것이라고 우려함과 동시에 급성장하는 중국의 군사력은 자국의 안보를 위협할 것이라고 우려하고 있다. 그러나 이러한 군사·안보적인 위협 내지 상대방에 대한 인식은 하루아침에 바뀌는 것이 아니어서, 양국은 동아시아 지역주의 형성 과정의 주도권 경쟁에서도 바로 이러한 상호 불신 내지 우려를 표출해 왔다. 대표적인 사례로 EAS 설립 과정에서의 문제, ASEAN+3에 대한 일본의 참여 동기, 일본 주도의 AMF 설립에 대한 중국의 반대 등을 들 수 있다. 중국은 일본의 자국에 대한 견제가 기본적으로는 미일 동맹관계에 기반하고 있으며, 따라서 일본은 지역 내에서 미국의 대리인으로 작용 내지 활동하고 있다고 보고 있다. 이렇게 중국과 일본이 벌이고 있는 동아시아 지역주의 형성의 주도권 다툼에 중국과 한국의 FTA 문제가 놓여 있는 것이다.

중국 입장에서 보면, 만약 한국과 FTA가 체결되면 지역 내에서 외교·경제적으로 중국을 잠재적 위협국가로 상정하는 한·미·일로 이어지는 국가 벨트에서 한국을 일정하게 분리시키는 결과를 가져오고, 이는 동아시아 지역주의 형성 과정에서 일본보다 한층 더 주도권을 가질 수 있다는 것을 의미한다. 또한 상하이협력기구(SCO)에서와 같이 동아시아 지역에서 아직 중국과 FTA를 체결하지 않은 나라들의 일정한 편승(bandwagoning) 효과도 노릴 수 있다. 실례로 2001년 6개국으로 시작한 SCO는 이후 계속 확대되었는데, 그 이유 중 하나는 중국의 인접 국가 중 일부가 중국의 지역 내 영향력 강화가 자국에 유리하다고 판단해 SCO에 참여했기 때문이다. 현재 대표적인 인접 국가들의 기구인 '아시아 상호협력 및 신뢰구축 협의회(CICA)' 17개 회원국 중 12개국이 SCO에 다양한 형식으로 참여하고 있다(이장규 외, 2006).

현재 한국과 일본은, 매번 그래 왔듯이 독도와 교과서 문제 등으로 협상 진전에 장애가 있어 상대적으로 중국에게 유리한 상태이다. 실제로 2008년에 들어선 한국의 이명박 정부는 출범 초기 한일 FTA 추진에 대한 강한 의지를 나타냈고, 4월 후쿠다 야스오 일본 총리와의 정상회담에서 일본 측의 요청으로 협상 재

개를 위한 실무 협의에 합의했으나, 7월에 발생한 독도 문제 등
으로 사실상 무기한 연기 상태에 빠졌다.

4. 중국의 한중 FTA 추진 전략과 로드맵

1) 추진 전략

중국이 한국과 추진하고자 하는 FTA의 목표는, 에너지 및 자
원 확보, 시장 확대, 선진국 우회 수출 등의 경제적 측면보다 자
국 중심의 지역주의 형성 촉진이라는 외교·안보적인 전략적 측
면에서 더욱 두드러진다. 즉, 중국은 동아시아 지역주의를 둘러
싼 미국·일본과의 주도권 경쟁 측면에서 한중 FTA의 전략적 필
요성을 우선적으로 중시하며, 경제적 필요성은 부차적으로 고
려하고 있다. 또한 한국과의 FTA 체결로 인한 효과 중 중국의 지
역균형 발전전략에 기여하는 효과 또한 미미할 것으로 판단된
다. 즉, 중국은 한국과의 FTA를 통해 현재 진행하고 있는 '진흥
동북' 계획에 활력을 불어넣으려는 의도를 가지고 있다(唐福泉,
2007: 158-162). 중국, 특히 지리적 근접성, 문화적 유사성이 강한
동북 지역에 한국의 자본과 기술 유치를 통해 지역경제 활성화
를 모색하고 있다. 실제로 중국은 2006년에 발표한 「상무발전
제11차 5개년 규획 강요(商务发展第十一个五年规划纲要)」에서 이
른바 '세 개의 연해와 세 개의 내륙(三海三陆) 개방 전략'을 내놓

았다. 그 내용 중 하나가 낙후 지역이지만 전략적으로 중요한 동북 지역을 주변국들과의 경제 협력 강화를 통해 새롭게 발전시키겠다는 것이었다. 이는 한국 등 주변국과의 FTA 체결이 가져다줄 투자 확대 등을 염두에 둔 것이다(주장환, 2006).

그러나 이 부분은 그다지 실현 가능성이 높지 않아 보인다. 그 이유는 다음과 같다.

첫째, 동북 3성은 한중 수교 직후인 1990년대 초반 한국의 중국 투자에서 가장 높은 비중을 차지하는 지역이었으나 점차 감소하여 2000년대 들어서는 하위권에 머무르고 있다. '진흥동북' 정책을 실시한 2004년 이후에도 그 비중은 별다른 변화를 보이고 있지 않다(한국수출입은행, 2008).

둘째, '진흥동북' 정책의 일환으로 이미 이 지역은 기초 인프라와 국유기업에 대한 외자 참여를 허용하고 있다. 물론 투자 관련 협상이 구체적으로 어떻게 진행될지를 봐야 하겠지만, 장차 한중 FTA가 체결되고 중국 전역이 비슷한 조건으로 한국 기업에게 개방된다면 발전 가능성이 더 높은 지역─주(珠)강 삼각주, 창(長)강 삼각주 등의 지역─을 중심으로 투자가 확대될 가능성이 더 높다. 왜냐하면 한국 자본의 동북 지역 투자가 줄어든 것은 전체 중국 시장에 대한 인식의 변화, 즉 한국의 중국 투자의 내용이 노동집약적이고 수출 위주의 임가공 및 경공업 생산 중심에서 현재는 자본집약적 중공업 및 첨단기술 산업으로 바뀌고 있으며, 진출 동기에서도 단순한 비용 절감에서 현지 시장 개척으로 바뀐 결과이기 때문이다. 이렇게 봤을 때 한중 FTA에 따른 동북 지역으로의 한국 자본의 투자 확대 가능성은 매우 낮다.

지금까지의 분석에 따르면, 중국은 한국과의 FTA 체결에서 경제적 측면의 쟁점을 최소화하면서 협상 타결을 이끌어 낼 수 있는 낮은 수준의 FTA 전략을 추구할 가능성이 있다. 즉, FTA 협상을 범위의 대소와 관세 양허[3])의 고저를 기준으로 작성한 <표 2>에서 ④를 최우선순위로 하거나 ②를 목표로 추진할 것으로 예상된다.

<표 2> FTA 협상의 종류

관세양허의 수준		협상 범위의 폭	
		넓음	좁음
	높음	① ·효과(이익과 충격)극대화 ·실질관세율 효과 미미(한국입장) ·협상 장기화와 격렬화로 인한 비용 발생	② ·기타 협상의제 단순화 ·실질 관세율 효과 미미(한국 입장) ·치열한 상품 분야 협상 ·Give and Take 공간 협소
	낮음	③ ·중국 측 제도 및 관행 개선에 초점 ·업계 요구 반영한 맞춤형 협상 가능 ·중국 내 투자 기업 경영 환경 개선 ·한국 국내 산업 고도화 강제 효과 낮음 ·제도 개선 요구에 대한 중국 측 반발 예상	④ ·체결 자체에 의미를 두는 경우 ·단기간에 쉬운 협상 기대 ·경제적 실익을 거둘 공간 협소 ·동북아 경제통합의 상징적 효과

출처: 지만수, 2008: 18의 표를 중심으로 수정.

---

3) 관세 양허(tariff concession)란 다자간 협상을 통해 국제적으로 공인된 관세로서, 가맹국 간에 관세를 일정 세율 이상으로 올리지 않겠다는 국제적·국가 간의 약속(commitment)을 말한다. 따라서 특정 품목을 양허하게 되면 관세를 양허세율(bound tariff) 이상으로 운용할 수 없다.

한중 FTA는 목적의 측면에서 볼 때 중-아세안 FTA와 유사성이 있다. 즉, 명시적으로 외교·안보, 경제적 효과 제고, 국내 지역발전 전략과의 연계라는 목적을 동시에 추구하면서 실제로는 외교·안보적 효과─ 동아시아 지역주의 형성에서의 주도권 확보─를 가장 중요하게 생각한다는 점에서 유사하다(Hale, D. and Hale L. H., 2003: 36-53).

물론 한중 FTA와 중-아세안 FTA는 많은 차이가 있다. 무엇보다도 개별 국가와 국가연합체라는 점에서 그러하고, 이에 따른 협상 주체들의 상황─ 경제 수준, 중국과의 무역 구조 특성─ 의 복잡성이 가장 큰 차이이다. 그러나 중국이 아세안과의 FTA 협상 과정에서 어떤 전략과 로드맵이 나타났던가를 파악하는 것은 한중 FTA에서 중국 측이 취할 입장과 전략을 전망하는 데 매우 중요하다.

중-아세안 FTA가 2001년 11월부터 시작된 것으로 봤을 때, 2004년 11월 중-아세안 정상회의에서 동시에 열린 통상장관회의에서 2005년부터 공산품에 대한 관세 철폐 개시를 합의하기까지 4년여의 시간이 걸렸다. 이 과정에서 중국 측은 협상 기간 내내 매우 적극적인 태도로 임했고 이른바 '조기수확방안(早期收获方案)'을 제시했다. 이는 중국이 아세안과의 FTA 협상의 진전에 대한 의지를 보여 준 것으로, 정식 협상 타결 이전에 아세안 국가들에게 현실적인 교역 이익을 제공하는 것이었다. 구체적으로는 2004년 1월 1일을 기해 560여 종의 농산품에 대해 중국과 아세안 국가들 사이에 관세를 인하했고, 아세안 선가입국에

대해서는 2006년까지, 후가입국에 대해서는 2010년까지 무관
세를 실시하기로 했다. 그리고 상품 이외의 분야, 즉 정보통신,
인적 자원 개발, 상호 투자 및 메콩강 개발, 교통, 에너지, 문화,
여행 및 공공위생 등 서비스 무역과 투자 부문에 대해서는 향후
협상 일정을 잡고 현재 진행 중에 있다(李嘉·치东凯, 2005).

현재 시점에서 중국이 적극적인 자세로 타결시킨 아세안과의
FTA의 경제적 효과는 그리 높지 않은 것으로 분석되고 있다. 특
히 중국 외에 유일하게 아세안과 FTA를 맺은 한국과 비교했을
때 오히려 아세안 각국의 개방 수준은 낮은 것으로 평가된다(정
환우, 2008: 174-210). 그러나 분명한 것은 중국이 적극적인 의지
를 가지고 추진하는 FTA의 경우, 민감한 부문의 협상을 뒤로 미
룰 뿐만 아니라 합의 가능한 영역에서도 상당 부분의 양보를 감
수하면서 협상 타결에 역점을 두어 왔다.

2) 추진 로드맵

중국은 한국과의 FTA를 2008년까지 체결한다는 목표를 세웠
다. 그러나 현재 상황으로 보면 일정대로 진행될 것인지는 미지
수이다. 따라서 중국의 전략과 로드맵에도 일정한 변화를 보일
것이다. 첫째, 가능한 빠른 시간 안에 협상 타결을 위해 노력한
다. 이를 위해 최대한 협상 분야를 축소시키는 것이 최선이다. 둘
째, 서비스 영역으로 협상 범위가 확대되는 것을 방지하고, 제조
업 선진 국가와의 최초 FTA 추진이라는 점을 감안하여 제조업

분야에 대한 면밀한 검토와 협상을 진행한다. 특히 한국이 타이완 및 일본과 치열한 경쟁을 벌이고 있는 품목을 협상의 지렛대로 적극 활용한다. 셋째, 농업 부문이 협상의 걸림돌로 작용할 경우 이를 전략적으로 판단한다. 바로 이 부분은 아세안과의 FTA 협상 과정에서 중국 측이 제시한 '조기수확방안'과 유사한 역할을 할 가능성이 높다.

이러한 전략을 바탕으로 중국의 로드맵은 다음과 같이 추론할 수 있다. 먼저, 한국과의 FTA를 경제적인 측면보다 외교·안보적인 측면에서의 효과를 극대화하기 위해 노력한다. 따라서 제조업 중심의 '낮은 수준' FTA를 체결하고, 이를 바탕으로 동북아시아에서 중국 중심의 지역주의를 구축할 수 있는 제도적 거점으로 삼는다. 이 경우는 협상 자체의 어려움보다 이 조건을 한국이 받아들일 것인가가 관건이다. 즉, <표 2>의 ④를 최우선으로 두고 진행한다. 둘째, 한국의 태도가 비협조 내지 보다 높은 수준의 FTA를 요구할 경우 <표 2>의 ①이 아닌 ②와 같은 내용으로 전환시켜 협상을 진행한다. ②와 같은 협상이 진행된다면 일정하게 양보하더라도 조속한 타결을 위해 노력한다. 마지막으로, 한국이 계속 ①과 같은 협상을 요구한다면 '선 제조업 분야 타결, 후 서비스 등 분야 협상 계속 진행' 카드로 대응한다.

5. 순응, 대응, 적응?

지금까지의 논의를 토대로 본다면, 중국은 한국과의 FTA를 자원 확보나 경제적 효과의 측면보다 동아시아 지역주의 형성 과정에서의 주도권 확보 등 외교·안보적 차원에서 매우 적극적으로 임하고 있다. 보다 구체적으로 본다면, 동북아 지역에서 미국의 '아시아-태평양 주의', 일본 방식 등과 경쟁하는 중국적 지역주의 방식을 관철시키기 위해 전략적으로 행동하고 있다. 거시적으로 본다면, 중장기적인 미·일·러와의 관계 변화 국면에서 예상되는 동북아 신국제질서 확립 과정에서 한반도의 주도권을 차지하겠다는 의지로도 이해할 수 있다. 따라서 상대적으로 낮은 수준의 조기 협상 타결을 목표로 상당히 적극적인 자세로 나올 것으로 예상된다.

그렇다면 이러한 중국의 태도에 대해 한국은 어떤 식으로 대응해야 할 것인가?

먼저, 한국 역시 외교·안보적 차원에서 중국과의 FTA 체결이 향후 한국의 미래에 끼칠 영향에 대해 논의하고 결정해야 할 것이다. 주로 향후 동북아 및 동아시아 질서 재편 과정에서 한국은 어떤 위치를 차지할 것인가, 한국의 북한 문제를 포함한 동아시아 혹은 동북아 전략은 어떻게 펼칠 것인가 등에 대한 분명한 전략적 판단이 있어야 할 것이다. 구체적으로 보면, 현재 병존하고 있는 동아시아 지역주의에 대한 여러 국가들의 방안, 즉 미국을 중심으로 하는 '아시아-태평양주의', 'ASEAN주의', 일본 그리고 중국의 방식 등에 대한 전략적 판단과 한국 외교의 중심성 (centrality)이 필요하다.

다음으로, 외교·안보적인 측면 외에 경제적인 측면에서 한중 경제 관계의 특수성을 감안한 FTA 추진에 대한 논리 개발이 필요하다. 특히 고려해야 할 한중 경제 관계의 특수성은 2003년부터 최대 수출 대상국 그리고 2004년 이후 첫 번째 교역 대상국으로 표현되는 한국 경제의 중국에 대한 높은 의존도, 대중 수출의 약 80%에 달하는 중간재 비중, 중국 투자 상위국, 농수산업의 유사성 등으로 요약할 수 있다. 그리고 이러한 특수성에 부합하는 대응 논리 및 전략을 세워야 할 것이다.

마지막으로, 어떤 형태의 FTA를 추진할 것인가에 대한 분석과 판단이 요구된다. 현재까지의 상황으로 보면, 중국은 협상의 범위가 좁고 관세 양허 수준이 낮은 유형을 선호할 가능성이 높다. 그러나 한국의 입장에서는 관세 수준보다는 협상 범위에 농수산 및 제조 상품분야뿐만 아니라 서비스, 투자를 포함한 기타 이슈를 포함하는 포괄적인 협상을 추진할 것이다. 특히 이와 관련해서 최근 타결된 중-뉴질랜드 FTA 협상에서 중국 측이 서비스를 포함한 포괄적 FTA에 합의했으나, 실제 내용에서는 협정 발효 후 3년이 경과한 시점에서 개방 일정을 개정하거나 취소하기로 한 점 등에서도 볼 수 있듯이 일정한 진전은 있되 실제 내용에서는 여전히 부실하다(김한성·여지나, 2008). 따라서 이 부분에 대한 보다 적극적인 검토가 필요하다. 또한 중국과 다른 국가 및 지역과 FTA 협상 과정을 분석하고, 특히 아세안과의 협상 과정

에서 보여 준 중국 측의 '파격적인 양보'를 고려했을 때 한국이
요구할 양보는 무엇인지에 대해서도 현실적으로 고민해야 한다.

한중 FTA의 경제적 효과

1. 한중 FTA에 대한 시각과 쟁점

1) 한국과 중국의 입장 차이

한중 FTA에 임하는 한국과 중국의 기본 입장에 많은 차이가 존재하고, 이러한 입장의 차이가 민간 공동연구는 물론 산관학 공동연구 과정에서 투영되어 나타나고 있다.

(1) 한국 정부의 입장

한국은 70%를 넘어서는 대외의존도를 가지고 있는 통상국가로서 대내외적인 환경의 변화로부터 초래되는 새로운 도전과 기회에 효과적으로 대응하기 위해 1990년대 말부터 FTA 정책을 적극적으로 추진해 왔다. 이러한 배경 아래 2004년 4월에 발효된 칠레와의 FTA를 시작으로 싱가포르(2006년 3월 발효), EFTA

(2006년 9월 발효) 등 비교적 소규모 경제권과 FTA 협정을 체결했다. 그러나 FTA 추진의 궁극적인 목표가 한국 경제의 선진화와 국제화, 경제적 이익의 극대화에 있다는 점을 감안해 거대 경제권과의 동시다발적인 FTA를 추진한다는 기본 입장을 유지하고 있다. 이러한 원칙에 따라 한미 FTA를 타결(2007년 4월)했으며, 현재 EU와 협상을 추진하고 있다.

중국은 한국의 최대 교역대상국으로서 한국의 중국에 대한 무역의존도가 높아지면서 통상마찰에 따른 리스크가 증가하고 있다. 한국으로서는 한중 FTA가 중국과의 경제 관계를 한 단계 격상시킬 수 있다는 점에서 매우 유효한 수단이 될 수 있다. 이 외에도 한중 FTA는 양국 간 경제적·정치적 관계를 더욱 긴밀하게 하는 수단인 동시에 궁극적으로는 동북아시아 경제협력과 통합을 위한 디딤돌 역할을 담당하게 될 것이다.

그러나 다른 한편에서 한중 FTA가 한국 경제에 큰 위협 및 우려요인으로 작용할 것이라는 입장도 만만치 않다. 중국으로부터의 농산물 및 저가 공산품이 급격하게 유입되어 한국의 관련 산업에 치명적인 타격을 주는 동시에 경제의 양극화 현상도 심화시키는 기폭제가 될 것이라는 우려이다. 또한 중국의 경제 구조 및 정책·제도의 투명성이 확보되지 않는 상항에서 한중 FTA를 추진할 경우 한국이 기대하는 FTA 효과를 얻어 낼 수 없을 것이라는 지적도 있다. 이 외에도 한중 FTA 추진 환경이 급변하고 있으며, 한국과 중국 간의 교역 특성을 감안할 때 여타 국가와의 FTA와는 전혀 다른 접근이 필요하다는 주장도 만만치 않다. 한

국이 거대 경제권과 체결한 FTA의 효과가 어떠한 방향으로 전
개될 것인지에 대한 예측이 불명확하고, 한국과 중국 간의 무역
및 투자 관계의 특수성 및 최근 중국과의 경제교류 환경의 불확
실성이 증대하면서 한중 FTA의 경제적 효과가 크지 않을 것이
며, 따라서 한중 FTA는 한국과 중국 간 경제협력 구조의 특수성
을 감안하여 신중하게 추진되어야 한다는 것이다.

(2) 중국 정부의 입장

중국은 2001년 WTO에 가입한 이후 FTA 친화적인 정책을 적
극 추진하고 있다. 특히 중국은 경제적인 목적 외에 외교·안보적
인 목적에서 FTA를 적극 활용하고 있다고 할 수 있다. 경제적으
로는 양자간의 FTA를 통해 상대국의 관세 인하 및 비관세장벽
완화 등 시장접근성 향상과 무역마찰의 완화, 중국에 대한 시장
경제지위(MES) 인정, 서부 대개발 및 동북 진흥의 촉진, 원자재와
자원의 확보에 중점을 두고 있다. 외교적 측면에서 동북아 내지
는 동아시아 지역에서의 리더십 강화, 대미 견제와 차별화 등을
들 수 있다. 이와 관련하여 중국의 국무원발전연구중심(DRC)의
관련 문헌에서는 중국의 FTA 추진 우선순위를 다음과 같이 밝
힌 바 있다.[1] 국가별로는 인접 지역과 개도국이 우선이고, 동기

---

1) 중국의 FTA 대상국 선정의 우선순위는 다음과 같다. ①중국은 주변국 또는
  지역과의 FTA를 우선한다. ②무역과 경제구조의 보완성을 중시한다. ③협
  상의 용이성(the ease of negotiation) 또는 중국과의 FTA에 대한 욕구(desire)가
  FTA 대상 선정에 영향을 미친다. ④중국의 FTA 정책은 중장기적으로 글로
  벌화를 지향하여 주변국뿐만 아니라 무역 및 경제협력 관계를 발전시키기

에서는 에너지 및 자원의 확보, 자국 중심의 지역주의 형성과 같
은 전략적 동기가 우선하고 있다. 이 외에 해외시장 진출, 국내
지역개발 촉진, 산업경쟁력 제고 등과 같은 경제적 동기를 강조
하고 있다.

중국의 FTA 추진에서 한중 FTA는 에너지·자원 확보, 시장 확
대, 선진국 우회 수출이라는 경제적인 측면보다는 자국 중심의
지역주의 형성을 촉진하려는 전략적 목표를 중시하고 있다고
할 수 있다. 또한 주변국과 우선적으로 FTA를 추진한다는 기본
원칙, 중국과의 상호 보완적인 협력 구조를 가지고 있는 국가와
의 FTA 추진 원칙 등과 매우 부합한다고 할 수 있다. 특히 FTA
협상의 용이성을 강조하고 있는 중국의 FTA 전략으로 미루어
중국의 4대 교역국가(또는 지역)인 미국, 일본, EU, 한국 중에서
한국이 가장 협상 추진이 용이하기 때문에 한국과의 FTA 추진
에 적극적인 입장을 보이고 있다.

2) 분야별 쟁점

(1) 농업 분야

한중 FTA 추진에서 양국 간 가장 큰 이견을 보이는 분야가 바
로 농수산물 분야이다. 중국 농산물의 높은 가격경쟁력, 한국산

위해 세계 각국 및 지역과 FTA를 추진한다(Fang Jin, China's FTA Policy,
presented paper on International Symposium on Possible Roadmaps to a CJK
FTA: Obstacles and Expectations, August, 2008).

<table>
<tr><td align="center"><표 1> 한국과 중국의 FTA 추진 현황</td></tr>
</table>

추진 단계	중국	한국
협상 완료 및 발효	홍콩(2004.1 발효) 마카오(2004. 1발효) ASEAN(2005.7 발효) 파키스탄(2006.10 타결) 칠레(2006.11 발효) 뉴질랜드(2008.10 발효 예정) 싱가포르(2008.10 타결)	칠레(2004.4 발효) 싱가포르(2006. 3 발효) EFTA(2006.7 발효) ASEAN(2007.6발효) 미국(2007.4완료)
협상 중	ASEAN(투자), GCC, 호주, 아이슬란드, 페루	ASEAN(투자), EU, 인도, 일본, 멕시코, GCC
공동연구 완료	인도, 노르웨이, 코스타리카	
공동연구 (산관학)	한국	중국, MERCOSUR, 호주, 뉴질랜드
학술연구 (민간)	CJKFTA, EAFTA	CJKFTA, EAFTA

출처: Fang Jin, 2008에서 정리.

제품의 상대적 고관세 등을 감안할 때, 한중 FTA 체결 시 중국 농수산물의 한국 수출이 증가할 것이라는 점은 양측 모두 인정하고 있다. 그러나 중국 농수산물의 한국에 대한 수출 증가폭과 관련해 서로 다른 견해를 보이고 있다.

한국의 경우 양국의 지리적 인접성, 양국 농수산업 생산구조 및 소비자 기호의 유사성으로 인해 한중 FTA 추진 시 수입 증대와 그에 따른 생산 감소의 영향이 매우 클 것으로 주장하고 있다. 한중 간 민간 공동연구 보고서에서는 한국의 농산물 생산비는 중국에 비해 평균 9.7배에 달하며, 농산물 도매가격에서도 한국은 중국에 비해 평균 6.4배의 높은 수준을 유지하고 있다. 특히 중국의 쌀, 대두, 차이니스 양배추, 생후추, 마늘, 포도, 쇠고기, 돼지고기 등의 도매가격은 한국의 1/6 수준으로 절대적인 가격 경쟁력 우위를 유지하고 있다. 반면 품질경쟁력에서는 한국 농수산물이 중국산에 비해 우위를 유지하고 있으며, 한국의 소비자들은 중국산 농수산물의 안정성에 의문을 제기하고 있다.

이러한 상황을 종합적으로 판단할 때 한중 FTA가 추진될 경우[2] 2020년 한국의 전체 농업 생산액은 2005년에 비해 약 20% 감소할 것으로 추정되었다. 특히 마늘과 붉은 후추 등 채소류와 포도와 감귤 등 과일류의 생산 감소가 클 것으로 예상되었다. 그러나 한중 FTA 체결될 경우 농산물의 소비자가격지수는 약 30% 정도 하락함으로써 생산자잉여가 소비자잉여로 이전되는 결과가 나타날 수도 있을 것으로 보고 있다.

이러한 주장에 대해 중국은 중국 내 수요 증가, 생산비용 상승, 한국의 여타국과의 FTA 체결로 한중 FTA 체결 시 중국산 농수산물의 한국으로의 수출 증가효과는 제한적이라고 주장하고 있다. 특히 한국 농업 분야에서의 피해규모 추정이 과다하다는 입장을 견지하고 있으며, 한국 내 소비자의 후생이 증대한다는 점을 강조하고 있다.

---

2) 쌀의 관세율은 2015년부터 양허 수준의 15%까지 감축하고, 기타 농수산물은 10년 동안 완전히 철폐하는 것으로 전제조건으로 하고 있다(『한중 FTA 민간 공동연구 2차년도 보고서』에서 정리).

(2) 제조업

중국 측은 자동차, 석유화학, 기계업종의 경우 중국의 경쟁력이 낮아 보호가 필요하다는 입장인 반면, 한국은 노동집약적인 제품에서 피해가 클 것으로 예상하고 있다. 제조업 분야에서는 중국의 관세율이 한국보다 높아 석유화학, 철강, 기계, 자동차 및 부품 등 대부분의 업종에서 한국의 중국 수출이 증가할 것으로 예상되는 반면, 의류, 비철금속, 제지 등의 분야에서는 중국산 제품의 한국 수출이 증가할 것으로 예상된다. 다만 중국의 기술력 향상, 중국에 투자한 한국 기업의 한국 수출이 증가할 가능성 등을 감안할 때 중국의 한국 수출 확대 가능성도 크다고 할 수 있다.

이처럼 제조업에서 업종별로 한중 FTA에 따른 수지표가 다르게 나타나고 있으며, 이익이 되는 부분에서는 이익의 규모를 축소하고 영향은 확대시키려는 경향을 유지하고 있다. 이러한 현상은 제조업 분야의 민감 품목의 조정 과정에서 양국 간에 치열한 논의가 불가피함을 시사하고 있다(<표 2> 참조).

(3) 서비스

FTA를 통한 서비스 부문의 개방에 있어 한국은 서비스 시장의 개방을 적극 포함시키려 하는 반면, 중국은 서비스 시장의 개방에 상대적으로 민감한 반응을 보이고 있다. 그러나 중국은 ASEAN과는 상품과 서비스를 분류하여 협상을 진행했으며, 홍콩과는 서비스 시장 개방을 포함한 협정을 체결했다.

<표 2> 한중 FTA가 제조업 분야의 수출에 미치는 영향

업종	한국 수출에의 영향	중국 수출에의 영향
석유 화학	한국의 중국 수출 증가	정밀화학 분야의 한국 수출 증가
섬유 및 의류	고부가가치 소재의 중국 수출 증가	한국 수출 증가
철강	중국 수출 증대 예상, 중국 기업에 대한 M&A 환경 개선	중국의 대한 수출 과다로 추가적 수출 증대 효과 미미
기계	중국 수출 증대 예상	
전자	고부가가치 제품(PDPs, LCDs) 중국 수출 증대 예상	중국 내 외자기업 고부가가치 제품의 한국 수출 증가, 중국 기업의 기술개발 촉진
자동차	중국 수출 증가, 한국 기업의 중국 투자 증가	-
비철 금속	-	중국의 비철금속 수출 규제로 대폭 증가 없을 것
고무	한국산의 대중 경쟁력 제고	고무제품(타이어 등)의 한국 수출 증가
화장품	중급 브랜드의 중국 수출 증가	-
종이	고부가가치 제품 중국 수출 증가	종이 제품의 한국 수출 증가

출처 : 필자 작성.

뉴질랜드와 타결한 FTA에서는 처음으로 서비스 분야를 포함한 포괄적인 FTA를 추진했으며, 이러한 변화를 반영하여 한중 FTA에서도 서비스 분야 개방 문제가 다루어지고 있다.

한중 FTA의 서비스 분야에서는 전문 서비스(법률, 회계, 건축 설계, 엔지니어링, 의료, 건강 등), 통신 서비스(통신, 음향), 건축 및

관련 엔지니어링, 유통, 교육, 환경, 금융(은행, 보험, 증권), 관광
(호텔, 여행), 여가·문화·스포츠 서비스, 운송(해상운송, 항공운송,
철도운송, 도로운송)으로 구분하여 협의가 이루어지고 있다. 2006
년에 작성된 민간 합동 연구 보고서는, 양국 간에는 지리적·문화
적 인접성과 유사한 소비 특성으로 인해 서비스 분야의 교역 자
유화가 용이할 것으로 평가하고 있으며, 양국 간 서비스 교역에
서 상호 보완성으로 인해 서비스 교역 분야 자유화의 이익이 클
것이라는 공동 인식을 반영하고 있다. 산관학 공동연구는 서비
스 분야의 구체적인 개방 내용을 확정하기보다는 양국의 서비
스 시장 상황과 시장개방정책을 설명하는 데 중점을 두었는데,
서비스 시장에 대한 민감도는 여전히 남아 있다고 볼 수 있다.

3) 한중 FTA의 효과

(1) 경제성장 효과

한중 FTA의 거시경제적 효과에 대한 많은 선행 연구(임윤상,
2002; 남영숙 외, 2004; 신태용·이문형·이진면·변창욱, 2005; Hong-sik,
Lee et al., 2005; 정인교, 2006)가 있다. 한중 FTA에 따른 효과를 추
정한 기존 연구의 대부분은 일반균형모형(Computational General
Equilibrium: CGE)을 사용하고 있다. 기존연구의 공통된 결과는 한
중 FTA 체결 시 중국의 GDP 증대보다 한국의 GDP 증대가 상대
적으로 크게 나타나는 것으로 예측했으며, 수출입 효과에 대해
대부분 한중 FTA 체결로 인해 제조업에서 한국의 대중국 무역

<표 3> 기존 한중 FTA 연구에 나타난 GDP 증대 효과(단위: %)

기존 연구	한국	중국
남영숙 외, 2004	0.14~2.30	0.07~0.78
신태용 외, 2005	0.18~1.08	0.04~0.18
Lee et al., 2005	2.44~3.17	0.40~0.59
정인교, 2006	0.55~3.29	0.27~1.32

출처: 각 연구 자료에서 정리.

수지 흑자가 증대될 것으로 예측했다. 위 연구들의 결과를 종합해 보면 한중 FTA 체결로 인해 한국의 GDP는 0.14~3.29%, 중국의 GDP는 0.04~1.50% 증대되는 것으로 추산되었다. 양국의 GDP 증대 효과는 연구에 따라서 상이한데, 그 이유는 CGE 분석에 사용된 산업 및 국가 분류와 시나리오가 상이하기 때문이다.

(2) 수출입 효과

한편 기존 연구는 수출입 효과에서 대부분 한중 FTA 체결로 인해 제조업에서 한국의 대중국 무역수지 흑자가 증대될 것으로 예상하고 있다. 남영숙 외(2004)의 연구에 따르면, 중국과의 FTA 체결로 한국은 중국에 대해 55~65억 달러의 수출 증가를 보이는 반면, 수입은 58~142억 달러 증가함으로써 대중국 무역수지가 3~77억 달러 악화될 것으로 전망했다. 또한 한중 민간 FTA 공동연구 결과인 이홍식 등의 연구(Lee et al., 2005)에 따르면, 2억 달러 정도의 무역수지 악화를 추산했다. 정인교(2006)는 240~250억 달러의 대중국 무역수지 개선효과를 전망했다.

<표 4> 한중 FTA 연구에 나타난 수출입 증대 효과(단위: 백만 달러)

연구	한국의 대중국 수출	한국의 대중국 수입	무역수지
임윤상, 2002	1,740	1,220	520
남영숙 외, 2004	5,488~6,543	5,757~14,192	-269~-7,649
Lee et al., 2005	13,998~14,501	14,220~14,546	- 45~-222
정인교, 2006	32,620~33,319	7,583~9,279	25,037~24,041

출처: 각 연구 자료에서 정리.

제조업 부문의 무역수지 증대 효과의 추산 결과만 살펴보면, 남영숙 외(2004)에서 한국의 대중국 수출은 52억 2,800만~61억 6,500만 달러, 한국의 대중국 수입은 35억 4천만~36억 4,800만 달러로 무역수지 흑자가 16억 3,300만~25억 9,700만 달러 증가 하는 것으로 나타났다. 이에 비해 이홍식 등(Lee et al., 2005)에 따 르면 제조업에서의 무역수지 증대 효과는 대중국 수출에서 138 억~142억 달러, 대중국 수입에서 30억~31억 달러로 무역수지 증대 효과가 108억~111억으로 추산되었나. 정인교(2006)의 연 구결과는 더욱 큰 무역수지 증대 효과를 보이고 있다. 대중국 수 출에서는 323억~327억 달러, 대중국 수입에서는 55억~56억까 지로 나타나 무역수지 증대효과가 268억~271억 달러에 달하는 것으로 나타났다.

그러나 한중 FTA 추진의 효과 추정에서는 한중 간 교역에서 나타나는 몇 가지 특수한 상황을 고려할 필요가 있다. 제조업 분 야에서 한중 간 교역 구조의 특수성으로 인해 대중국 수출 증대 효과가 기대치보다 줄어들 가능성이 있다.

2. 한중 교역의 특징

1) 가공무역과 관세 구조

(1) 가공무역

한국의 대중국 수출은 중국의 내수시장에 판매하기 위한 것이라기보다는 중국 내에서 임가공 후 재수출을 목적으로 하는 중국 내 가공무역용 수출이 매우 큰 비중을 차지하고 있다. 한국의 대중국 수출은 가공무역과 보세무역을 중심으로 이루어지고 있다. 2007년 기준으로 한국의 대중국 수출에서 중국 내 가공무역을 위한 수출이 54.4%(중국의 대한국 수입 중 비중)를 차지하고 있으며, 보세가공무역을 위한 수출이 14.3%를 차지하고 있다.[3] 따라서 중국에 수출할 때 중국의 내수시장을 목표로 하는 수출은 전체 대중국 수출의 29.0%(일반무역)에 불과하다.

이러한 특수성으로 인해 한국이 중국에 수출하는 제품을 가공단계별[4]로 구분해 보면 소재, 부품, 부분품 등의 중간재가 대

---

3) 한국의 대중국 수출 중 중국 세관에 관세를 납부하는 수출액 비중은 67.3%(일반무역과 진료가공 포함)이며, 이중 38.2%(進料加工)는 중국에서 가공한 후 수출하여 관세와 부가가치세를 환급받는다. 대중국 수출의 31.4%(來料加工 17.6%, 보세가공무역 13.8% 포함)는 통상 보세통관을 실시하고 있으며, 또한 투자용 설비와 물품의 경우에도 관세가 면제된다.

4) UN의 BEC(Broad of Economic Categories) 분류는 HS 6단위(또는 SITC 3단위)의 제품을 가공단계별로 재분류할 수 있는 기준으로 국제무역 데이터를 일차상품, 중간재(반제품, 부품 및 부분품), 최종재(자본재, 소비재)로 분류하고 있다. 본 논문에서는 HS 상품분류 코드에서 국제적으로 통일된 HS 6단위

<표 5> 한국의 대중국 수출입 구조

(단위: %)

무역방식 구분	대중국 수출				대중국 수입			
	2001	2005	2006	2007	2001	2005	2006	2007
총계	100.0	100.0	100.0	100.0	100.0	100.0	100.0	100.0
일반무역	37.8	29.1	29.1	29.0	52.5	50.8	52.1	52.8
가공무역	53.7	56.8	54.6	54.4	46.1	46.6	45.1	43.8
來料加工	17.9	17.6	16.3	17.4	13.7	13.1	13.6	12.7
進料加工	35.6	39.1	38.2	36.8	32.4	33.5	31.5	31.0
가공무역수입설비	0.2	0.1	0.2	0.2	-	-	-	-
투자용 설비 및 물품	4.3	3.4	2.4	2.2	-	-	-	-
보세가공무역	4.1	10.6	13.8	14.3	1.3	2.5	2.8	3.6
보세창고입출경화물	2.2	3.9	5.7	6.2	0.7	1.5	1.5	1.5
보세창고중개무역	1.9	6.5	7.5	7.5	0.6	1.0	1.3	2.2
수출가공구수입설비	0.0	0.2	0.5	0.6	-	-	-	0.0

출처: 중국해관통계

부분을 차지하고 있으며, 중국이 높은 관세율을 유지하고 있는 소비재가 차지하는 비중은 3.3%에 불과하다. 한국의 대중국 수출을 가공단계별로 살펴보면, 중간재가 차지하는 비중은 1992 년 88.8%에서 2007년 76.8%로 낮아지기는 했으나, 한국의 전체 수출 구조와 전 세계 수출상품 구조와 비교할 때 한국의 대중국 수출은 지나치게 중간재에 편중되어 있다.[5] 한국의 대중국 중간 재 수출은 반제품에서 부품과 부분품 중심 구조로 전환되고 있

를 사용하여 BEC 분류를 시도했다.

[5] 2006년을 기준으로 한국의 대세계 수출상품 구성은 중간재가 57.5%(이중 반 제품 31.5%, 부품 및 부분품 25.9%), 최종재가 42.4%(이중 자본재 27.6%, 소 비재 14.8%), 일차상품이 0.1%로 대중국 수출 구조와는 많은 차이가 있다.

<표 6> 한국의 가공단계별 대중국 수출입 구성　(단위: %)

구분			1992	1997	2000	2005	2006	2007
대중수출		일차상품	0.5	0.3	0.4	0.6	0.1	0.8
	중간재	소계	88.8	82.6	84.9	82.0	79.9	76.8
		반제품	84.0	72.3	65.2	42.0	44.0	41.3
		부품 및 부분품	4.8	10.3	19.7	40.0	35.9	35.6
	최종재	소계	10.7	17.1	14.7	17.3	20.0	22.3
		자본재	7.3	11.2	9.9	14.0	16.7	19.4
		소비재	3.5	5.9	4.8	3.3	3.3	2.9
대중수입		일차상품	37.1	20.6	16.1	9.4	5.9	6.3
	중간재	소계	50.3	53.2	50.3	54.7	57.9	59.8
		반제품	48.6	44.4	34.4	35.3	36.9	38.4
		부품 및 부분품	1.6	8.9	16.0	19.4	20.9	21.5
	최종재	소 계	12.6	26.2	33.6	35.8	36.2	33.9
		자본재	2.6	6.6	13.7	18.5	18.7	18.7
		소비재	10.0	19.5	19.8	17.3	17.5	15.2

출처: 한국무역협회 DB(www.kita.net)를 이용하여 분석.

다. 대중국 수출에서 반제품이 차지하는 비중은 1992년 84.0%에서 2007년 41.3%로 하락한 반면, 부품과 부분품 비중은 4.8%에서 35.6%로 높아졌다. 이러한 변화는 중국이 세계의 생산기지로 자리 잡으면서 최종재 생산에 필요한 중간재를 주변국으로부터 수입하고 있기 때문이다.

대중국 수입에서도 중간재 비중은 상승세를, 소비재와 일차상품 비중은 하락세를 유지하고 있다. 2007년 한국의 대중국 수입 중 중간재가 차지하는 비중은 59.8%로 2000년에 비해 9.5%p 높아졌으며, 최종재 비중은 33.9%를 차지했다. 중국의 자원 수출 규제와 대중국 의류 수입 증가율 둔화로 일차상품과 소비재 비중이 지속적인 하락세를 유지하고 있는 반면, 전자·통신 분야의 산업 내 분업 확대, 중국 소재 한국 기업의 역수입 등으로 전기전자제품 및 부품의 대중국 수입 비중은 지속적인 상승세를 유지하고 있다.

(2) 관세 구조

한중 간 교역 특성은 중국의 한국산 상품에 대한 실질 관세에도 영향을 미치고 있다. 한중 간 관세율을 비교하면 다음과 같은 몇 가지 특징을 발견할 수 있다.

첫째, 제조업의 단순 평균 관세율에서는 중국(9%)이 한국(6.8%)에 비해 높은 수준을 유지하고 있다. 의약품, 화학섬유, 철강 및 일차재료, 통신기기, 기타 전자제품 업종에서만 한국이 중국에 비해 약간 높은 수준을 유지하고 있으며, 이외 업종에서는 중국이 한국에 비해 높은 수준을 유지하고 있다. 특히 완성차 업종에서는 중국의 관세율은 한국의 두 배를 넘어서고 있다.

둘째, 양국의 대(對)세계 수입액을 기준으로 한 가중평균 명목 관세율에서는 전체 제조업 관세율에 있어 한국은 6.06%로 중국의 4.62%보다 높은 수준을 유지하고 있으며, 섬유 및 의류산업에서 한국이 중국에 비해 높은 것으로 나타났다. 구체적으로 살펴보면 석유 제품 및 코크스, 유기화학, 의약품, 화학섬유, 비철금속 업종에서 한국이 중국에 비해 높은 수준을 유지하고 있다.

셋째, 상대국에 대한 수입액을 가중치로 한 가중평균 명목관세율에서는 한국의 대중국 관세율이 7.29%로 중국의 대한국 관세율(4.54%)에 비해 매우 높은 수준을 유지하고 있다. 이는 한국

<표 7> 한국과 중국의 관세 Matrix 1(명목 관세)

		한국관세[2]		
		10% 이상	5% 이상 10% 미만	5% 미만
중국[1] 관세	10% 이상	편직물, 의류, 기타 섬유제품	완성차, 자동차부품, 가죽 및 모피, 비금속광물, 화장품, 고무, 가전기기, 기타 공산품, 기타 전기기기 및 부품	철강제품
	5% 이상 10% 미만	-	섬유직물, 화학섬유, 농약 및 비료 유기화학, 플라스틱제품, 합성수지, 기타화학제품 일반기계, 정밀광학계측기기	석유제품 및 코크스, 무기화학, 스테인레스강, 철강 및 비합금강, 기타 전자제품
	5% 미만	-	의약품	목재 및 종이, 컴퓨터, 통신기기, 전자부품, 철강 일차재료, 기타 합금강 및 봉

주: 1) 중국의 단순평균 관세율.
   2) 한국의 단순평균 관세율.
   3) 음영 부분은 중국이 한국에 비해 관세율이 상대적으로 높은 업종.

의 대중국 수출이 저관세 품목을 중심으로 이루어지고 있음을 의미하며, 이것은 한중 간 FTA에 따른 관세인하가 이루어진 이후에도 현재의 양국 간 무역구조가 지속될 경우 한국의 대중국 수출 증대보다는 중국의 대한국 수출 증대 효과가 더 클 수 있음을 시사하고 있다.

품목별로는 의류와 편직물에 있어 양국은 모두 10% 이상의

<表 8> 한국과 중국의 관세표(가중 평균 관세)

		한국관세[2]		
		10% 이상	5% 이상 10% 미만	5% 미만
중국관세[1]	10% 이상	의류 편직물	섬유직물, 기타 섬유제품, 완성차, 자동차부품, 비금속광물 화장품, 기타 공산품	기타 전기기기 및 부품
	5% 이상 10% 미만	-	화학섬유, 가죽 및 모피, 고무, 정밀광학계측기기, 플라스틱제품, 가전기기, 일반기계, 기타화학제품, 합성수지, 농약 및 비료, 무기화학, 의약품	석유제품 및 코크스, 목재 및 종이, 철강제품, 스테인레스강, 철강 및 비합금강
	5% 미만	-	유기화학	컴퓨터, 통신기기, 전자부품, 기타 전자제품, 철강 일차재료, 합금강 및 봉

주: 1) 중국의 대한국 가중평균 관세율.
2) 한국의 대중국 가중평균 관세율.
3) 음영 부분은 한국이 중국에 비해 상대적으로 관세가 높은 업종.

고관세를 유지하고 있으며, 중국이 한국에 비해 상대적으로 높은 관세율을 유지하고 있는 품목은 섬유직물, 의류 이외의 기타 섬유제품, 완성차, 자동차부품, 화장품, 비금속광물, 철강 관련 제품 등이다.

넷째, 한중 간 교역 특성(가공무역 중심의 교역 구조)을 감안한 중국의 대한국 실질 관세율을 기준으로 양국 간 관세율을 비교하면 한국이 중국보다 상당히 높은 관세율을 유지하고 있는 것으로 나타났다. 이러한 결과는 한국의 대중국 수출에 있어 관세

<표 9> 중국의 대한국 실질관세를 감안한 한국과 중국의 관세표

		한국의 관세		
		10% 이상	5% 이상 10%미만	5%미만
중국의 관세	10% 이상	-	완성차	-
	5% 이상 10% 미만	의류	자동차부품, 고무 플라스틱제품, 가전기기	-
	5% 미만	편직물	섬유직물, 화학섬유, 기타 섬유제품 가죽 및 모피, 비금속광물, 정밀광학계측기기, 일반기계, 화장품, 합성수지, 농약 및 비료, 무기화학, 유기화학, 의약품, 기타화학제품, 기타공산품	목재 및 종이, 철강제품, 철강 일차재료, 스테인레스강, 철강 및 비합금강, 기타 합금강 및 봉, 석유제품 및 코크스, 전자부품, 통신기기, 컴퓨터, 기타 전자제품, 기타 전기기기 및 부품

주: 1) 중국의 대한국 실질관세율.
　　2) 한국의 대중국 가중평균 관세율.
　　3) 음영 부분은 한국이 중국에 비해 상대적으로 관세가 높은 업종.

혜택을 받고 있는 가공무역용 수출이 많기 때문이라고 할 수 있다. 특히 중국의 한국에 대한 실질관세율을 기준으로 보면 중국이 한국에 비해 상대적으로 높은 관세를 유지하고 있는 품목은 완성차 한 품목에 불과하다. 반면 한국이 중국에 비해 높은 관세를 유지하고 있는 품목이 더 많은 것으로 나타났다. 특히 섬유, 의류, 가죽 및 모피제품은 물론 일반기계, 합성수지, 화장품, 정밀계측기기의 경우에도 한국이 중국에 비해 상대적으로 높은 관세를 유지하고 있다.

다섯째, 제품의 가공단계별로 양국의 관세 구조를 비교하면 한국과 중국 모두 소비재에 대한 고관세를 유지하고 있으며, 자본재와 반제품에서는 중국이 한국에 비해 높은 관세율을 유지하고 있는 반면, 부품과 부분품에서는 한국이 중국에 비해 높은 관세율을 유지하고 있다.

2) 수출 및 교역 구조

(1) 수출 구조의 특징

한국이 중국으로 수출하는 제품에 대한 중국 내 수요자(buyer)의 특수성6)이 존재한다. 한중 간 교역은 중국에 진출해 있는 외국인투자기업이 주도하고 있다. 중국해관 통계에 따르면 2006년 현재 한중 간 교역의 69.2%가 중국 내 외국인투자기업에 의해 이루어지고 있다. 중국이 한국에서 수입하는 제품의 75.3%가 중국에 진출한 외국인투자기업에 의해 수입되고 있으며, 중국이 한국으로 수출하는 금액의 56.8%가 외국인투자기업에 의해 이루어진 것이다. 한중 교역에서 외국인투자기업이 차지하는 비중도 지속적인 상승세를 유지해 왔다.

이러한 결과는 중국에 진출한 외국인투자기업의 매입과 매출

---

6) 한국무역협회와 대외경제정책연구원이 중국에 수출하는 359개 기업을 대상으로 중국 내의 거래대상 기업을 조사한 바에 따르면 응답기업(복수응답 허용 응답수 439개)의 45.6%가 중국에 진출한 자회사 또는 한국계 기업이 주고객이며, 42.8%는 중국계 기업이, 11.6%는 중국 내 제3국의 외자기업이 주고객인 것으로 나타났다.

특성에 기인한다. 중국에 진출한 외국인투자기업들이 중국 내 생산에 필요한 중간재의 상당 부분을 한국, 일본, 타이완 등 중국의 주변국으로부터 수입하여 중국 내에서 가공 또는 조립한 후 모국 또는 제3국으로 수출하는 매입·매출 특성을 가지고 있기 때문이다.[7] 이러한 결과는 한국의 대중국 수출과 수입에서 중국의 외국인투자가 중요한 역할을 담당하고 있음을 보여 주고 있다. 특히 중국에 진출한 한국계 기업의 경우 중국을 임가공기지로 활용하는 기업이 많고, 이러한 기업들은 한국에서 원부자재

<표 10> 중국의 대한국 수출입 중 외국인투자기업이 차지하는 비중

(단위: 억 달러, %)

	중국의 대한국 수출입		외국인투자기업의 대한국 수출입		비중	
	수출(A)	수입(B)	수출(C)	수입(D)	수출 (C/A)	수입 (D/B)
1995	66.9	102.9	16.5	61.6	24.7	59.8
2000	112.9	232.1	51.0	137.2	45.2	59.1
2001	125.4	234.0	61.5	139.6	49.0	59.7
2002	155.1	285.8	75.4	180.9	48.6	63.3
2003	201.0	431.6	102.3	291.8	50.9	67.6
2004	278.1	621.7	154.4	452.3	55.5	72.8
2005	351.2	768.7	194.4	587.0	55.4	76.4
2006	445.6	898.2	253.0	676.7	56.8	75.3

출처: 중국상무부, 「中國外商投資報告 2007」, 중국상무부 사이트.

---

7) 2005년 기준으로 중국의 주요 교역대상국으로부터의 수입 중에서 중국 내 외국인투자기업이 수입하는 비중을 살펴보면, 한국은 76.4%, 일본 72.9%, 타이완 78.6%, 미국 53.1%, EU 49.6%를 차지하고 있어 한국, 일본, 타이완 등 주변국으로부터의 수입 중 중국 내 외국인투자기업이 차지하는 비중이 매우 높게 나타나고 있다.

를 수입하여 중국 내에서 가공한 후 생산한 제품을 한국으로 역수출(buy-back)하거나 제3국으로 수출하는 비중이 높다. 이러한 매입과 매출 구조의 특수성으로 인해 한국의 대중국 투자에 따른 수출유발효과가 크게 나타나고 있으며, 그 결과 한국의 대중국 수출의 48.9%가 중국 내 한국계 기업으로 수출되고 있는 것으로 추정되었다.

(2) 중국 진출 기업과 수출입

한중 FTA를 통한 무관세화가 이루어질 경우 중국 진출 기업의 매입·매출 전략 변화가 각 유형에 따라 다르게 나타날 것으로 기대된다. 현재의 매입과 매출 구조, 한중 FTA 이후 각 기업의 매입과 매출 전략이 어떻게 변화하느냐에 따라 대중국 수출입 효과도 다르게 나타날 것이다. 중간재의 매입과 최종재의 매출 구성을 기준으로 중국 진출 기업 유형을 구분하면, 다음과 같이 9가지 유형으로 나누어 볼 수 있다.[8]

---

8) 한국의 대중국 투자에 따른 순무역수지 효과를 측정하기 위해 조사대상기업의 대한국 수입액과 수출액을 해당 기업의 투자 잔액으로 나누어 투자 단위당 수출 및 수입 유발계수를 추정하고, 무역수지 개선효과는 수출유발계수에서 수입유발계수를 차감하여 계산했다. 2007년 대외경제정책연구원이 중국에 진출한 288개 한국 기업을 대상으로 조사한 결과에 따르면 대중국 투자의 단위 투자당 대중국 수출유발효과는 0.92, 수입유발효과는 0.56으로 낮은 수준으로 나타났다. 대중국 투자의 대중국 수출유발액은 2006년을 기준으로 340억 달러 정도로 추산되며, 이것은 한국의 대중국 수출액(695억 달러)의 48.9%에 해당한다. 또한 투자에 의한 대중국 수입유발액은 196억 달러로 추산되며, 이것은 한국의 대중국 수입액(486억 달러)의 40.3%에 해당하는 것이다(양평섭 외, 2007).

<표 11> 대중국 투자기업의 매입·매출 패턴

		매 출		
		현지	한국	제3국
매입	현지	Case 1 승용차, 화학, 기계, 철강금속	Case 2 섬유의복	Case 3 전기전자, 의류 (기타제조업)
	한국	Case 4 철강금속, 자동차부품, 섬유의류	Case 5 전자부품	Case 6 전기전자, 의류
	제3국	Case 7 화학	Case 8	Case 9

첫째, 한중 FTA로 무관세화가 이루어지는 경우 한국에서 중국으로의 중간재 수출이 가장 많이 증가할 것으로 예상되는 분야는 Case 4로, 철강금속, 자동차부품, 섬유의류, 전자제품 업종이 이에 해당한다고 할 수 있다. 특히 중국이 고관세를 유지하고 있는 가전, 자동차 등 내구소비재의 경우 한국 기업들은 현지 생산체제를 구축하고 있으며, 중국 내 생산에 필요한 중간재(부품 및 소재)를 한국으로부터 수입하여 사용하는 비율이 높아 관세 인하가 이루어질 경우 조달비용을 낮출 수 있기 때문이다.

둘째, 한중 FTA로 무관세화가 이루어지면 최종재를 한국으로 수출하는 경우 무관세 혜택을 받게 될 것이며, 따라서 중국에서 생산한 최종재를 한국으로 역수출(buy-back)하는 비중이 높아질 것으로 예상되는데, Case 2, 5, 8이 이에 해당한다. 특히 섬유 및 의류, 전자부품 업종처럼 중국 내 현지 매입 비중이 높은 경우, 한국으로부터 중간재를 조달하는 비중이 높아질 수도 있을 것이다.

셋째, 한중 FTA로 무관세화가 이루어지는 경우에도 상대적으로 영향이 적을 것으로 예상되는 분야는 Case 1, 3, 7, 9가 될 것이다. 중간재를 주로 현지 조달하여 최종재를 현지에서 주로 판매하는 기업의 경우(Case 1) FTA의 직접적인 영향이 매우 적을 것이다. 이러한 업종의 경우 기존의 연구결과들에 따르면 승용차, 화학, 기계, 철강금속 업종이 이에 속한다고 할 수 있다. 그러나 이 경우에도 기업이 FTA 이후 매입 전략을 변경하여 한국으로부터 수입하는 비중을 확대하는 경우에는 한국의 대중국 중간재 수출에 긍정적인 영향을 미치게 될 것이다. 전기전자, 의류, 기타 제조업 업종(현재 중국의 중간재 수입관세가 높다)은 무관세화가 이루어지면 한국으로부터 조달하는 비중이 높아질 가능성이 있다. 화학 업종의 경우 현재 중국의 중간재 수입관세가 높은 경우 무관세화가 이루어지면 중간재 조달선을 제3국에서 한국으로 전환할 가능성이 있다.

넷째, 지금까지 우리는 FTA가 대중 투자 기업에 미치는 영향을 무관세 효과 측면에 한정지어 분석했지만 FTA의 다른 요소들도 대중 투자 기업의 활동에 영향을 미칠 수 있다. FTA의 무관세 효과가 대중 투자 기업에게 유리하게 작용함에 따라 향후 더 많은 기업들이 대중 투자에 나설 것이므로 한중 FTA로 대중 투자는 확대될 것으로 전망된다. 예를 들어 한중 FTA를 통해 양국 간 투자협정(BIT)이 체결될 경우, 한국 기업의 대중국 투자가 늘어나게 되고, 이에 따라 한국의 대중국 원부자재 수출과 중국으로부터의 최종재 수입을 모두 증대시키는 요인으로 작용하게 될 것이다.

3) 경쟁과 보완 구조

한중 간 교역 특수성이 한중 간 분업과 경쟁관계에도 영향을 미치고 있다. 일반무역에서는 일방적 무역관계가 강한 반면, 가공무역에서 산업 내 무역이 활성화되어 있다. 특히 부품산업과 자본재산업에서 한중 간 산업 내 무역이 활성화되어 있다. 이러한 결과는 중간재 업종에 대한 한국 기업의 투자가 많고, 특히 중간재 업종 기업의 경우 한국으로부터 중간재를 조달하는 비중이 최종재에 비해 높은 수준을 유지하고 있기 때문이다.

한중 양국 간의 보완과 경합 관련 지표를 이용하여 특정 업종에서 한중 간 상호 보완적인지 경쟁적인지를 기준으로 하여 양국의 민감 품목, 일반인하 품목, 우선인하 품목 등으로 구분하는 것이 가능하다.

해당 업종에서 한국과 중국의 관계가 경합적인지, 비(非)경합적인지를 구분하는 지표로서 양국 간의 수출경합도지수(ESI)를 이용하고 있다. 수출경합도지수가 0.5 이상인 경우 경합적인 업종으로 구분하고, 0.5 이하인 경우 비경합적인 업종으로 구분했다. 해당 업종에서 한중 간 보완적인지 여부를 판단하기 위해 산

업 내 무역지수(IIT)를 이용한다. 산업 내 무역지수가 0.3 이상(한
중 간의 제조업 평균치)인 경우 산업 내 무역으로, 0.3 미만인 경우
일방적 무역(one way trade)으로 구분했다. 또한 양국 간의 경쟁관
계에 있어 현시비교우위지수(RCA)를 이용하여 각국이 비교우위
인 업종과 비교열위인 업종으로 구분할 수 있다. 2005년 기준으
로 RCA지수가 1 이상인 경우 비교우위 업종으로, 1 미만인 경우
비교열위 업종으로 구분했다.

보완 및 경합 관련 지표를 이용하여 특정 업종에서 한중 간에
상호 보완적인지 경쟁적인지를 분석한 결과는 다음의 <그림>
과 같다. <그림>에 나타난 것처럼 경쟁과 보완 관계를 기준으
로 총 16개 영역으로 구분할 수 있다. 각 유형에 따라 한중 FTA
추진 시 시장보호 요구도 다르게 나타날 것으로 예상된다.

첫째, 양국 간의 산업 내 무역이 활성화되어 있는 업종(II사분
면, III사분면)에서는 경쟁관계에 관계없이 시장보호 요구가 상대
적으로 작을 것으로 예상된다.

둘째, 보완적·비경쟁적 품목(III사분면) 중에서 양국이 모두 비
교우위를 유지하고 있거나 양국 모두 비교열위에 있는 품목의
경우 시장보호 요구가 작을 것으로 예상된다. 그러나 양국 중 일
방이 비교우위를 유지하고 있는 업종에서는 비교열위에 있는
국가로부터의 시장보호 요구가 강하게 나타날 것이다. 따라서
상호 보완적 분업관계를 지속적으로 유지하려면 상호 보완적인
무역관계가 강하고, 양국 간 경쟁관계가 상대적으로 작은 품목
에 대해 우선 관세인하를 추진할 경우 FTA에 따른 무역증대효

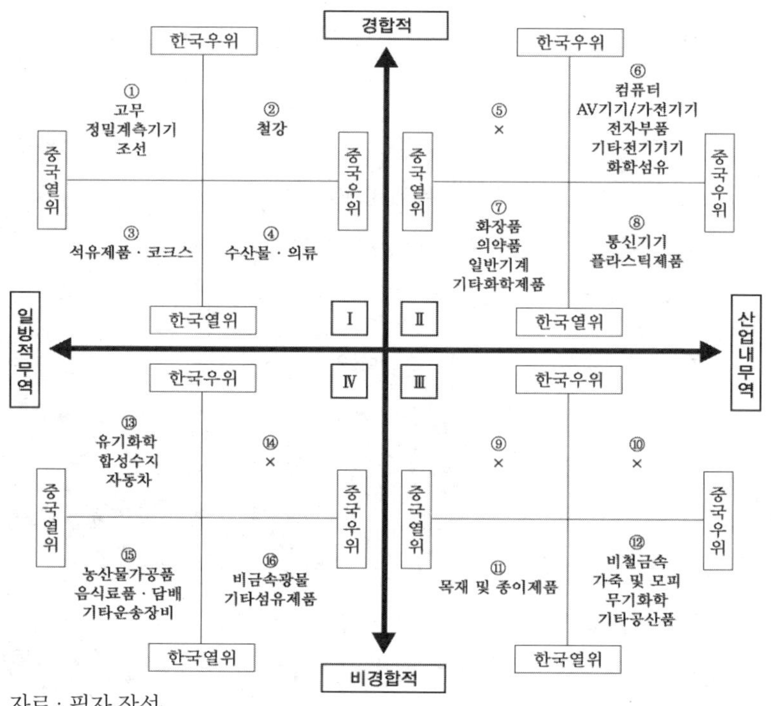

<그림> 한중 간 경쟁·보완관계 구조

자료 : 필자 작성.

과도 클 것으로 기대된다. 그러나 해당 업종의 경우 경쟁관계에 있어서는 한국은 모두 비교열위에 있으나, 중국은 비교우위에 있어 FTA로 무관세가 이루어질 경우 중국에서 한국으로의 수출이 크게 증가할 가능성이 있다는 문제점을 가지고 있다.

셋째, 양국 간 무역이 일방적 무역 패턴을 유지하고 있는 업종의 경우 시장보호 요구가 경쟁관계에 따라 큰 차이가 나타날 것으로 예상된다. 일방적 무역관계를 유지하고 있으나 양국이 모두 비교우위를 유지하고 있는 경우 쌍무적 FTA에서 시장보호 요구가 낮을 것으로 예상되나, 일방적 무역 및 경쟁적 품목(I사분면) 중에서 양국이 모두 비교열위인 품목과 일방이 비교열위인 품목, 일방적 무역 및 비경쟁적 품목(IV사분면) 중에서 양국이 모두 비교열위인 품목과 일방이 비교열위인 품목에 대해서도 시장보호 요구 강도가 매우 강할 것으로 예상된다. 이러한 기준으로 한중 FTA 추진 시 시장보호 예상 강도를 정리하면 <표 12>와 같다. 한국의 입장에서는 의류, 비금속광물, 기타 섬유제품에서 국내시장의 보호요구 강도가 강한 것으로 예상되며, 중국의 입장에서는 고무제품, 정밀계측기기, 조선, 유기화학, 합성수지, 자동차 업종에서 보호 요구의 강도가 클 것으로 예상된다.

3. 어떻게 추진할 것인가

1) 현실적 시나리오

한중 FTA 추진의 전략적 원칙은 '위에서 아래로 흐르는' FTA 협상의 특성상 포괄성(comprehensiveness), 실질적 자유화(substantial liberalization), 민감 분야의 고려(consideration of sensitive sectors) 등 3대 기본원칙을 고려할 필요가 있다.

첫째, 포괄성 원칙이다. 이것은 한중 FTA 추진은 단순한 관세 인하를 넘어서 서비스, 투자, 경제협력 등 보다 포괄적인 내용을

<표 12> FTA 시 경쟁·보안 패턴과 시장보호요구 예상 강도

기준			비교 우위	보호 요구 예상 강도	해당 업종
분업관계	경쟁관계	우위관계			
산업 내 무역	비경쟁적	양국 모두 비교우위		소	없음
		양국 모두 비교열위		소	목재 및 종이제품
		일방이 비교우위	한국	중	없음
			중국	중	비철금속, 가죽 및 모피, 무기화학, 기타 공산품
	경쟁적	양국 모두 비교우위		소	컴퓨터, AV기기, 가전기기, 전자부품, 기타 전기기기, 화학섬유
		양국 모두 비교열위		소	화장품, 의약품, 일반기계, 기타 화학제품
		일방이 비교우위	한국	중	없음
			중국	중	통신기기, 플라스틱제품
일방적 무역	비경쟁적	양국 모두 비교우위		소	철강
		양국 모두 비교열위		소	석유제품 및 코크스
		일방이 비교우위	한국	대	고무, 정밀계측기기, 조선
			중국	대	수산물, 의류
	경쟁적	양국 모두 비교우위		소	없음
		양국 모두 비교열위		소	농산물가공품, 음식료품·담배, 기타운송장비
		일방이 비교우위	한국	대	유기화학, 합성수지, 자동차
			중국	대	비금속광물, 기타 섬유제품

출처: 필자 작성.

포함하는 FTA가 되어야 한다는 것이다. 포괄적 FTA를 추진해야 하는 이유는 한국과 중국 간의 교역 특수성으로 인해 한중 FTA로 무관세화가 이루어질 경우 관세 인하에 따른 효과는 한국보다는 중국에 유리하게 작용할 것이기 때문이다. 따라서 상호 윈-윈 하는 FTA가 되기 위해서는 관세 인하 이외 분야에서도 협력이 확대되는 것이 바람직하다.

둘째, 실질적인 자유화라는 측면에서 양국은 단순한 명목관세의 인하가 아니라 실질관세가 높은 분야에서 관세 인하가 이루어져야 하며, 관세 이외의 무역장벽, 즉 비관세장벽을 완화하는 FTA가 추진될 필요가 있다. 가공무역 중심의 한중 간 교역 구조로 인해 양국이 모두 명목관세만을 기준으로 관세 인하하거나, 과다한 민감 품목을 설정하는 경우 상품 분야의 실질적인 개방 효과는 크지 않을 것으로 예상된다. 따라서 관세 인하에서는 실질관세가 높은 품목에 대한 상호 개방과 함께 관세 이외의 실질적 교역의 장애가 되고 있는 비관세조치를 적극적으로 해소할 필요가 있다.

셋째, 민감 부분의 고려라는 차원에서 관세 인하에 있어 양국의 민감 부분에 대해서는 서로 이해하고 개방의 요구 수준을 조정하는 FTA가 되어야 한다. 민감 부분에 대한 상호 양보가 이루어지지 못하는 경우 국내의 의견수렴 또는 동의를 얻어 낼 수 없기 때문이다.

문제는 한중 FTA는 이러한 기본 원칙에 맞추어 추진하되, 경제 외적인 요인의 고려 또한 중요하다고 할 수 있다. 한중 FTA가 양국의 경제적 이익과 경제교류의 비용을 절감하는 수단뿐만 아니라 동북아시아의 안정과 통합의 시금석이 될 수 있다는 경제 외적 요소도 함께 고려해야 할 것이다. 실질적으로 중국은 일단 체결한 이후 점차 확대된 논의를 추구할 가능성이 있다.

이런 점을 고려할 때 한중 FTA 추진 시나리오는 관세 인하의 폭과 포괄 범위를 기준으로 크게 네 가지로 구성할 수 있다.

첫 번째 시나리오는 상품 분야의 대폭적인 관세 인하와 관세 인하 이외에 FTA 다루는 범위를 매우 포괄적으로 다루는 방안이다. 한국 정부의 FTA 추진 전략은 이 시나리오를 근거로 추진되어 왔다. 그러나 이러한 방식으로 한중 FTA를 추진할 경우 협상이 장기화되고 협상 타결 자체도 쉽지 않을 것으로 보인다.

두 번째 시나리오는 상품 분야의 관세 인하는 대폭 이루어지지만, 관세 이외 분야의 의제는 단순화하는 방안이다. 이때 관세 이외 분야의 경우 타결이 매우 용이하게 진행될 것이나, 이슈 간의 교환이 불가능하여 상품 분야의 관세 인하 협상이 난항을 겪을 수 있을 것이다.

세 번째 시나리오는 상품 분야의 관세 인하 폭은 작은 반면, 관세 인하 이외의 다양한 이슈를 포함하는 방식이다. 상대적으로 상품 분야의 민간 품목이 많은 경우 채택 가능성이 높으며, 이 경우 FTA를 통해 협상 당사국 간의 제도개선이 이루어질 수 있다는 장점이 있다. 이 경우 한중 FTA와 같이 상호 민간 품목이 많고, 제조 및 정책적인 요인에 의해 무역자유화가 이루어지지 못하는 경우에 매우 유용한 방안의 하나가 될 수 있다.

<표 13> 한중 FTA 추진 시나리오

		협상 범위	
		포괄성 높음	포괄성 낮음
관세인하	고수준	·한국의 기존전략 ·효과(이익과 충격) 극대화 ·실질관세율 인하효과 미미(한국 입장) ·협상의 장기화 격렬화 비용 고려	·실질관세율 효과 미미(한국 입장) ·치열한 상품분야 협상 ·기타 협상의제의 단순화 ·Give & Take 공간 협소
	저수준	·제도개선에 주력 ·맞춤형 협상 가능 ·투자기업의 경영환경 개선 ·구조조정 효과는 작음	·체결 자체에 의미 ·단기간 내 협상 가능 ·경제적 실익 미미(한국 측 입장) ·동북아 경제통합의 상징성 ·중국이 가장 선호

네 번째 시나리오는 상품 분야의 관세 인하 폭도 작고, 관세 인하 이외의 의제는 최대한 단순화하는 방안이다. 이 경우 상호 민감 품목과 민감한 이슈를 모두 제외할 수 있어 협상의 타결은 매우 용이할 것이며, 따라서 단기간 내에 협상을 마무리할 수 있다는 장점이 있다.

지금까지 중국이 추진해 온 FTA는 네 번째 시나리오에 매우 근접해 있다고 할 수 있다. 이 경우 FTA에 따른 경제적 실익은 크게 기대하기 어려우나, FTA 체결 자체에 의미를 두고 구체적인 수준과 폭을 다시 논의할 수 있는 매우 유용한 방식이 될 수 있을 것이다.

2) 추진 전략

(1) FTA의 범위

중국은 뉴질랜드와의 FTA를 제외하고 FTA 추진에 있어 상품 분야 협상을 먼저 체결하고, 서비스 분야 협상을 나중에 체결하는 방식을 취하고 있다. 이는 포괄적인 FTA를 체결할 경우 협상에 소요되는 시간이 지나치게 길어질 것에 대한 우려와 관세 이외의 분야에서는 개방에 민감한 자국 산업의 보호를 목적으로 하고 있다고 할 수 있다.

한중 간 교역 특성을 감안할 경우 한중 간 FTA로 상호 관세 인하가 이루어진다고 하더라도 공산품 분야에서 한국의 대중국 수출을 증대시키는 효과는 기존의 한중 FTA 관련 연구들에서 나타난 바와 다르게 나타날 가능성이 크다. 반면 중국산 제품 또는 중국 내 제3국계 외자계 기업의 한국에 대한 수출이 늘어날 가능성도 배제할 수 없다. 따라서 한중 FTA에 따른 대중국 수출 증대 효과를 극대화하기 위해서는 관세 철폐와 더불어 비관세 조치의 완화, 지적재산권 보호, 중국내 투자기업의 비즈니스 환경 개선, 서비스 시장 개방 등을 포함하는 포괄적인 FTA를 추진하는 것이 전략적으로 필요하다.

그리고 포괄적 FTA가 협상의 타결 가능성을 높이는 데에는 도움이 될 것이다. 한중 FTA 협상 과정에서 한국의 농업시장 개방, 민감 품목의 선정 등 이해관계의 조정이 쉽지 않은 이슈들이 등장할 것이다. 협상의 범위가 넓어질수록 이슈 간의 교환(trade-off)이 가능해질 것이며, 따라서 협상 타결의 여지도 넓힐 수 있다. 최근 중국이 뉴질랜드, 호주 등과 추진하고 있는 FTA에서 나타난 바와 같이 중국 역시 이전과 달리 현재는 포괄적인 FTA를 추진하는 경향이 강해졌다는 점에서 포괄적 FTA를 추진하는 데 있어 어려움은 상대적으로 크지 않을 수도 있다.

(2) 관세 전략

한중 FTA를 통해 공산품의 관세 인하 효과를 극대화하기 위해서는 한국과 중국 간의 교역 특성을 감안한 관세 인하 협상전략이 필요하다. 첫째, 중국의 명목관세율, 대한국 가중 평균관세율, 대한국 실질관세율을 종합적으로 감안한 관세 인하 협상전략이 필요하다. 특히 FTA에 따른 가격효과를 극대화하기 위해서는 명목관세율이 높은 품목보다는 중국의 대한국 실질수입관세율이 높은 품목에 대해 우선적으로 관세 인하를 추진해야 할 것이다. 중국의 대한국 실질관세율이 높은 수준을 유지하고 있는 품목은 완성차, 의류, 가전기기 등이다.

둘째, 중국의 관세 인하에 따른 전환효과(switching effect)를 극대화하기 위해서는 중국 수입시장에서 경쟁국과 치열한 경쟁관계를 유지하고 있고, 중국의 대(對)세계 가중평균관세율이 높은 품목에 대해 우선적으로 관세 인하를 추진해야 한다. 무관세화가 이루어질 경우 한국의 대중국 수출 증대효과 측면에서 보면 완성차, 자동차부품, 의류, 기타 섬유제품, 가전기기, 고무, 플라스틱제품, 기타 화학제품, 철강제품, 일반기계, 비금속광물 업종에서 가격효과와 전환효과가 모두 크게 나타날 것으로 예상된다.

셋째, 한국의 대중국 수출에 있어 중국의 내수시장을 목표로 수출되고 있는 품목에 대한 관세 인하를 우선적으로 추진할 필요가 있다. 이러한 품목은 중국의 무역방식의 분류에 따르면 중국의 수입 중에서 일반무역 비중이 높은 품목에 해당한다고 할 수 있으며, 제품의 성격에서는 소비재에 해당하는 품목이다. 동시에 중국에 진출한 한국계 기업에 대한 수출을 증대시키기 위해서는 중국의 내수시장을 목표로 수출되는 업종의 중간재에 대한 관세 인하에 역점을 두어야 할 것이다. 이러한 업종으로는 자동차부품과 석유화학 업종 등이 포함될 수 있다.

넷째, 그동안 중국의 고관세로 인해 중국에 대한 수출이 부진했던 품목에 대한 관세 인하를 적극 추진하여야 한다. 이러한 제품군은 대체로 내구소비재류이며 중국이 가장 시장을 보호하고자 하는 품목이 될 것이다. 예컨대 자동차, 가전제품 등과 같이 중국의 고관세로 한국의 대세계 수출은 활발하나 대중국 수출이 부진한 품목이 이에 해당한다고 할 수 있다. 그러나 이러한 품목의 경우 한국 기업들이 중국의 관세장벽을 피해 이미 현지에 생산 공장을 설립하고 있어 관세 인하에 따른 추가적인 혜택은 현지에서 생산되고 있지 않은 일부 제품군을 중심으로 나타나게 될 것이다.

(3) 현실과 과제

한중 FTA 이후 대중국 수출 증대 효과를 극대화하기 위해서는 이러한 관세 인하 전략의 추진과 함께 양국의 수입을 제한하고 있는 각종 비관세조치를 완화 또는 철폐하기 위한 노력이 필요하다. 동시에 한중 FTA를 통해 중국내 한국 기업의 경영환경을 개선시키는 것 역시 매우 중요한 과제가 되어야 한다.

첫째, 한중 FTA 추진 시 한국 기업의 대중국 무역 및 투자환경을 개선하기 위한 협상이 반드시 포함되어야 한다. 상품분과 이외에 비관세조치 협상 분과와 중국에 진출한 한국 기업들이 겪고 있는 다양한 문제들을 논의하기 위한 분과의 설치가 필요하다. 그러나 이러한 문제들을 의제화 하는 데에는 많은 어려움이 예상되며, 비관세조치와 투자 관련 조치는 각국의 각종 법규의 개정으로 연결되어야 하는 어려움 때문에 협상 자체도 용이하지 않을 것이다. 따라서 향후 중국의 각종 비관세조치, 지적재산권 제도 및 침해 사례, 투자 장벽 등에 대한 구체적이고도 종합적인 연구와 의제 발굴이 이루어져야 할 것이다.

둘째, 한중 FTA로 무관세화가 이루어질 경우 중국으로부터의 수입은 대폭 확대될 가능성이 크다. 중국으로부터의 수입 확대는 중국 내 한국계 기업, 중국 로컬기업, 중국 내 제3국계 외자기업 등 전방위적으로 이루어질 가능성이 있다. 한중 FTA가 추진될 경우 중국에 진출한 한국 기업들은 전체 판매에서 한국으로 수출하는 비중을 확대할 계획이라고 응답했으며, 대부분의 업종에서 중국산 제품의 대한국 수출이 크게 증가할 것이라고 예상했다. 한중 FTA로 양국 간에 무관세화가 이루어질 경우 중간재보다는 자동차, 의류 등 최종재에서 중국으로부터의 수입이 대폭 증가할 것으로 예상된다. 따라서 농산물 이외에 제조업 분야에서도 우리의 민감 품목을 확대하는 전략이 필요하며, 한 중FTA 원산지 기준을 강화함으로써 중국을 경유하는 우회수입으로 방지할 수 있는 장치도 마련하여야 할 것이다. 특히 중국 내 제3국계 외자기업이 생산하는 제품의 경우 핵심 부품과 소재를 해외로부터 수입하는 경향을 가지고 있는 점을 감안하여 중국 내 제3국계 외자기업으로부터의 수입이 증가할 가능성에도 대비해야 할 것이다.

한중 FTA와 한국 시민사회

1. 한중 FTA에 대한 새로운 인식의 필요성

　1992년 한중 양국이 공식적인 외교관계를 수립한 이후 벌써 16년이 넘었다. 이제 한국과 중국은 경제적으로나 정치적으로나 서로에게 중요한 협력 국가가 되었다. 중국은 한국 대외무역 총액의 20% 이상을 차지하여 제1의 교역국이자 제1의 투자 대상국으로 떠올랐다. 한국 또한 중국에게 제3의 교역국이자 제2의 투자 제공 국가가 되었으며 중국 기업의 한국 투자도 점차 늘어나고 있다.[1]

---

1) 한국과 중국 수교 첫해인 1992년 63억 7천만 달러에 불과했던 양국 간 교역액은 2007년에는 1,450억 달러로 15년 만에 22.8배 증가했다. 중국은 이미 2006년에 수출과 수입을 합쳐 한국의 제1의 교역 상대국이 됐다. 2007년 한국은 중국과의 무역에서 수출 820억 달러, 수입 630억 달러로 총 190억 달러의 흑자를 기록했다. 홍콩에서 흑자를 낸 165달러까지 합치면 중국에서만 무려 350억 원이 넘는 흑자를 기록한 셈이다. 중국은 이미 2002년부터 한국

양국의 정치적 관계는 외교관계 수립 당시의 '우호협력 관계'에서 2003년 '전면적 협력동반자 단계'를 거쳐 '전략적 협력동반자 관계'로 격상되었다.[2] 전략적 관계라는 것은 형식적으로는 동맹을 맺지 않는 중국의 입장에서 보면 중요한 의미를 지니고 있다. 이것은 양자 간 대화를 넘어 지역문제와 국제문제에 대한 포괄적 협력을 의미하는 것이다.

이와 같이 양국 관계가 더욱 밀접해지는 가운데 한국과 중국 사이에 자유무역협정(FTA) 체결과 관련한 논의가 진행 중이다. 특히 한미 FTA 협상 타결 이후 중국 당국이 협상에 적극적인 것으로 알려진데다 한국에서도 한중 FTA 체결의 불가피성에 대한 공감대가 넓게 확산되고 있다. 한국과 중국 양국은 산관학 공동 연구가 마무리되면 FTA 협상 여부가 결정될 것으로 보인다. 더욱이 2008년 5월 개최된 한중 정상회담에서 한중 FTA를 적극적

의 최대 투자 대상국으로 자리 잡았다. 2007년의 경우 한국은 총 52억 3천만 달러(9,082건)를 중국에 투자했다. 자세한 내용은 무역협회 산하 국제무역연구원 통계를 참조(http://iit.kita.net/). 동시에 중국 기업들도 한국에 대한 투자에 관심을 보이고 있다. 2007년 말 기준으로 중국의 한국 투자는 거의 9억 달러에 달했다. 레노보(Lenovo), 화웨이(Huawei) 및 여타 중국 기업들도 한국 시장을 두드리기 시작했다(Huang Mai, Guan Liang, Wang Guannan, Dong Zhiyong, 2007: 8-10).

2) 전략적 협력동반자 관계는 일반 '수교국 관계'보다는 진일보한 '우호협력 관계'에서 더욱 진일보한 개념이며 '협력동반자' 관계나 '전면적 협력동반자' 관계 보다 더 협력의 범위가 국제적인 차원으로 넓어졌다고 볼 수 있다. 중국에서 '전략적'이란 개념은 보다 중장기적인 관점에서 양자 간의 관계를 넘어서 지역적 및 세계적 이슈들을 다룰 수 있는 관계를 지칭하며, 제3의 관계를 배제하지 않는 비배타적인 관계이며 동맹의 수준에는 미치지 않는 관계를 의미하기 때문이다(김흥규, 2008).

으로 추진한다는 합의에 이름으로써 협상 개시는 이제 시기의
선택만이 남아 있다.

이에 따라 한중 FTA에 대한 국내의 관심도 고조되기 시작했
다. 그러나 한중 FTA는 한국 사회에 실제 어떤 영향을 미칠 것인
가를 둘러싸고 양국 모두에게 상당한 수준의 경제적 이익을 가
져다 줄 것이라는 시각이 많았다. 대부분의 기존 연구들은 공통
적으로 한중 FTA를 체결할 경우 중국의 GDP 증대보다 한국의
GDP 증대가 크게 나타나는 것으로 분석했으며, 수출입 효과에
서 대부분의 연구가 한중 FTA 체결로 인해 제조업 부문에서 한
국의 대중국 무역수지 흑자가 증대될 것으로 분석했다(남영숙
외, 2004; 정인교, 2006). 중국도 이러한 연구결과에 기초하여 한중
FTA를 적극적으로 추진하자는 입장을 밝히고 있다.

그러나 최근 한중 FTA의 경제적 효과에 대한 기존의 낙관적
시각은 다소 수정되고 있다. 당초 분석과는 달리 한중 FTA가 가
져다주는 실익이 적고 오히려 한국 경제에 부담을 줄 수 있다는
것이다(「한중 FTA, 기대만큼 실익 없을 것」, 『중앙일보』, 2008. 4. 18).
제조업을 중심으로 한중 교역 구조의 특성을 분석하고 이를 바
탕으로 중국의 대한국 관세율을 추정한 결과, 오히려 한국 시장
만 중국에게 내주게 될 것이라는 우려가 나타나기도 했다(양평섭
외, 2007).

그런데 한중 FTA를 바라보는 국내의 시각은 대체로 한중 FTA
를 국가이익이나 국가경쟁력 및 기업경쟁력의 시각에서 평가하
고 있을 뿐 한국 시민사회의 관점에서 이익이 될 것인지 아닌지

에 대해서는 심사숙고하고 있지 않다. 특히 시민사회를 소비자로만 환원시켜 소비자 후생효과 같은 관점으로만 분석하는 데 그치고 있거나, 시민사회를 국민과 동일시하여 시민사회의 보편적 가치가 국가이익과 배치되고 나아가 대립될 수 있을 가능성을 배제하고 있다. 시민사회가 국가(정치사회)나 시장(경제사회)과 분리될 수 있다는 '시민사회의 관점'에서 한중 FTA의 실익 여부를 따져 볼 필요가 있다.

시민사회의 관점이란, 인권이나 민주주의, 중산층의 확대와 서민 살림의 안정, 평화체제의 구축 등 '시민사회의 가치'를 구현하고 '바람직한 거버넌스(good governance)'를 가진 '자본주의 정치경제' 체제를 구현하는 데 한중 FTA가 기여할 수 있는가를 고려하는 것이다. 그런데 FTA는 단순히 관세 철폐를 목적으로 하는 무역협정으로 끝나는 것이 아니다. FTA는 관세 외에도 상품 및 서비스 분야에서 다양한 무역장벽의 제거를 목적으로 체결되는 만큼 사실상 당사국 간의 경제통합 효과를 야기하며 양자협상 결과에 따라 국가의 '표준'도 변화시킬 수 있는 협정이다. 결국 FTA는 한 국가 내부 사회의 지형 자체를 변경시킬 수도 있게 되어 FTA가 시민사회에 미칠 수 있는 파급력은 매우 막대하다.

따라서 다른 나라와의 FTA 협정이 시민사회의 가치에 부합하는지, 즉 시민사회의 입장에서 바람직한 '자본주의 정치경제' 모델을 구축하는 데 어떤 영향을 미칠 것인지 구체적으로 파악하는 것은 매우 중요하다.

한국 시민사회의 관점에서 보았을 때 한중 FTA를 어떻게 평가할 수 있겠는가? 한중 FTA로 야기될 한국의 정치·경제 변화상을 한국 시민사회는 어떻게 인식하고 있는가?

그러나 우선 한중 FTA에 대한 시민사회의 논의는 국제정치경제적 요인을 고려하는 보다 심층적인 측면에서 동시에 다루어야 할 문제가 있다. 한미 FTA 문제이다.

시민사회의 강력한 반대에도 불구하고 이미 협정에 서명한 한미 FTA에 대해서 국내 정치권은 진보정당을 제외하고는 몇 가지 전제를 두고 있고 시기의 문제가 있으나 비준이 불가피하다는 입장을 표명하고 있다. 미국의 경우 오바마 정권이 출범하면서 한국으로부터 더 많은 이익을 얻어 내기 위해 국회 비준을 반대할 가능성이 있으나 한미 FTA 체결 자체에 반대하는 것은 아니다. 따라서 한미 FTA 체결로 야기될 새로운 정치·경제적 국면을 변수가 아닌 상수로 놓고 한중 FTA를 인식하고 그 대응 방안을 논의해야 한다.

한중 FTA에 대한 시민사회의 기본 인식도 한미 FTA에 대한 고려 속에서 생성되고 있을 것이다. 물론 한미 FTA와 한중 FTA는 FTA라는 점에서 동일하지만 그 협정 내용이 동일한 것은 아니다. 매우 높은 수준에서 체결되었다고 평가받는 한미 FTA처럼 한중 FTA도 높은 수준으로 체결해야 하는 의무가 있는 것은 아니며, 한중 FTA가 중국의 영향력 역시 확대되는 결과를 낳겠지만 미국의 영향력을 상쇄하는 효과도 예상할 수 있다. 한국과 중국의 이익이 동시에 극대화되는 최적의 FTA 상태를 찾는 것은 순전히 양국의 몫이다. 결국 한중 FTA는 이미 체결되어 국회 비준만을 눈앞에 둔 한미 FTA와는 달리 아직 협상도 공식 개시하지 않은 만큼 그 내용은 유동적이며 국제정치경제적 고려에 따라 달라질 수 있다. 이런 점에서 시민사회가 다양한 관점에서 개입할 수 있는 여지가 충분히 있는 것이다.

2. 한미 FTA 체제 하의 한중 FTA

1) 한미 FTA의 문제

최근까지 한국의 시민사회는 한미 FTA 협정 체결과 국회 비준을 반대해 왔다. 한미 FTA가 한국 사회의 불안정과 양극화 그리고 결과적으로 민주주의의 위기를 낳게 될 것을 우려해 왔기 때문이다. 한미 FTA의 어떠한 문제점들이 이러한 위기의식을 낳은 것일까? 그리고 그 위기감은 어느 정도인가?

우선, 한미 FTA는 미국형 신자유주의 체제가 한국에 공고화되는 핵심적 계기로 작용할 것이다. 미국과의 FTA를 원하는 나라는 미국이 제시하는 미국식 '표준'을 무역뿐만 아니라 사회 전체 영역에서 수용해야 한다.[3] 미국형 FTA는 상품 무역뿐 아니라

---

[3] 미국식 '표준'의 수용이란 단순히 관세의 철폐가 아니며, 이는 오히려 '비관세 장벽', 즉 '관세가 아닌 다른 방식으로 미국 제품의 수입을 가로막고 있는 모든 장벽'의 철폐이다. 이는 매우 모호하지만 매우 포괄적인 해석이 가능

서비스, 투자 등 모든 분야에서 포괄적인 FTA를 요구할 뿐만 아니라 그 과정에서 자국 제도와 합치되지 않는 상대국의 국내 규제 및 제도의 변화를 요구하는 규범 중시(rule intensive)의 FTA를 추구하기 때문이다. 더욱이 일단 개방을 하게 되면 다시 역진을 허용하지 않는 이른바 '역진방지기제(ratchet mechanism)'까지 적용한다.[4] 이러한 측면에서 한미 FTA는 단순한 무역협정이 아니라 한국에게 미국식 표준을 공고화시키는 제도 협정이다. 예컨대 한미 FTA의 선결조건이었던 미국 쇠고기 수입이 타결된 결과, 추가협상에도 불구하고 한국의 위생검역제도가 무력화되고 미국식으로 민간 업자의 자율규제가 강조되는 현상이 벌어지고 있다.

한미 FTA 체결로 한국의 국내 법체계의 변화는 불가피해지고 한국 정부의 독립적인 공공정책 운용도 위축될 가능성이 크다. 그 대표적인 조항이 투자자–정부 제소권 조항이다. 미국 자본이 조금이라도 투자되는 한국의 모든 '공기업'의 경우 더 이상 한국 정부의 '공공정책' 수단으로 활용될 수 없다. 미국 기업들이 투자자–정부 제소권 조항을 근거로 국제소송을 제기할 것이고 한

한 것인데 실제 미국이 생각하는 비관세 무역장벽은 보다 폭넓게 해석되는 경향이 있고, 미국과의 협상 테이블에서 이를 거부하기란 용이하지 않다. 이 부분이 미국형 FTA가 다른 FTA와 확실히 다른 점이다(우석훈, 2006: 63-67).

4) 미국은 상대국에게 지적재산권 보호와 투자자 보호를 위한 강력한 제도적 장치를 요구한다. 미국은 또한 FTA 체결에 따른 자국의 실업 발생을 우려해 노동과 환경 분야의 규범 강화를 규정하는 '부차협정'을 본 협정과 별도로 체결하고 있다(김양희, 2007: 32-33).

국 정부의 공공정책은 무력화될 수 있다(최태욱 외, 2007: 120-121).
더욱이 한미 FTA의 결과로 한국은 100개 이상의 법을 고쳐야 하
고, 법을 고치면 이에 따라 규정이나 관행도 미국식으로 바뀌어
야 한다. 이런 점에서 한미 FTA가 무역만이 아니라 투자, 방송,
문화, 법제, 정부 역할 등 경제를 넘어선 영역에서 한국을 미국화
하는 내용을 담고 있다고 우려할 정도이다(조순, 2007). 결국 한미
FTA 체결로 농업과 농민, 중소기업과 그 노동자, 비정규직 노동
자의 생활이 더욱 어려워지는 사회적 양극화가 심화될 것이라
고 전망하고 있다(장상환, 2007: 369-396).

첫째, 쌀을 제외한 농산물 시장 전부가 개방됨에 따라 농산물
수입이 증가하여 농산물 가격이 하락하고, 이에 따라 농가소득
이 저하되며 이농이 확대되면서 도시의 고용불안을 부추기는
악순환이 이루어진다고 본다. 둘째, 한미 FTA로 투자자 국가 소
송제가 도입되면 외국 자본의 횡포는 심해질 것이고, 국내 자본
은 역차별을 이유로 들어 규제 완화의 심화를 요구할 것이다. 이
에 따라 독점 대기업은 막대한 이윤을 올리는 반면 중소기업의
경영은 날로 악화되고, 노동시장에서 비정규직의 확대와 정규
직과 비정규직 간 임금 격차의 확대 등 극심한 양극화가 이루어
질 것이라고 본다. 셋째, 한미 FTA로 미국식 기준의 노동 유연화
가 가속화되면 노동자의 힘은 더욱 약화될 것이며, 노동자의 교
섭력이 크게 약화되어 양극화를 막을 수 없게 된다.

더욱이 한미 FTA 협정에는 투자자 제소권과 역진금지 조항이
포함되어 있어 사회적 양극화를 야기한 구조 개선은 거의 불가

능하게 된다. 또한 한미 FTA 체결로 제조업 내부에서도 첨단 부문의 미국 특화, 범용 부문의 한국 특화가 일어나게 되는데, 그 결과는 한국 정부가 내세웠던 목표와 정반대로 결국 한국 경제의 숙원인 동시에 중국에 대해 비교우위를 지닌 기계 및 부품소재 산업이 한미 FTA로 오히려 먼저 구조조정이 진행될 가능성이 크다.[5]

한미 FTA의 체결은 더 이상 한국 사회에서 '더 많은' 민주주의의 작동을 불가능하게 하는 길에 들어서는 것일 수도 있다. 한미 FTA로 심화될 사회적 양극화와 노동의 위기가 민주주의 의제의 심화를 가로막을 가능성이 높기 때문이다. 민주화 이후 한국 시민사회에 가장 큰 충격을 미친 사건은 말할 것도 없이 IMF 금융위기였지만, 한미 FTA가 한국의 민주주의에 주는 충격효과는 IMF 금융위기 못지않게 클 수 있다(최장집, 2006: 제7장).

1987년 민주화 이후 한국에서는 정치경제체제의 미래상에 대한 열린 논의와 모색의 공간이 존재해 왔다. 87년 체제는 대체로 두 가지 가능성 중 하나를 선택하는 기간이었다. 첫째는 사회 안정을 지향하는 유럽형의 '조절된 시장경제' 모델이었고 둘째는 시장만능주의에 기초한 영미형의 '신자유주의 시장경제'라 할 것이다. 그러나 유럽 모델에 대한 다양한 모색이 있었음에도 불

---

5) 제조업에서 중국이 쫓아오기 때문에 서비스 산업을 발전시켜야 하고, 내부 역량이 부족하기 때문에 외부 쇼크까지 필요하다는 것이 저간의 주장이었다. 그런데 한미 FTA의 결과는 한국을 범용 제조업으로 특화한다는 것이었는데, 이 분야는 중국이 이미 상당한 수준에 올라 시장경쟁력을 갖기 시작한 분야라고 한다(정태인, 2007).

구하고 결국 한국 시민사회는 신자유주의 모델을 강요받게 되었다고 할 수 있다. 1997년 IMF 관리체제 하에서 신자유주의 모델이 확산되었고 한미 FTA로 신자유주의 모델이 반영구적으로 제도화하는 단계에 진입했다.

문제는 신자유주의 모델의 전형인 미국 자본주의가 보여 주고 있는 사회상이다. 거의 방치 상태에 놓여 있는 막대한 규모의 빈곤계층, 강대국이면서도 전 국민 대상의 의료보험의 부재, 협력은 없고 경쟁만 강요되는 사회문화가 그 대표적인 모습이다. 결국 상술한 한미 FTA에 대한 시민사회의 우려는 한미 FTA로 한국은 더 이상 바람직한 정치경제체제를 스스로 선택할 수 없게 될 것이라는 점이다. 이미 미국의 금융위기가 알려준 교훈에도 불구하고 신자유주의에 대한 신화가 지속되는 것을 의미한다(장하준·그레이블, 2008).

2) 한국 시민사회의 고민

(1) 한중 FTA에 대한 인식의 전환

한중 FTA가 한국경제에 미치는 영향력과 무관하게, 분명한 것은 한중 FTA가 한국 시민사회에 미칠 부정적 영향이 존재하며 이는 모든 기존 연구들도 인정하고 있다. 한미 FTA에 대한 시민사회의 격렬한 저항을 고려한다면, 한중 FTA에 대한 시민사회의 반응도 뜨거워야 할 것이고, 한중 FTA에 대한 입장이 활발하게 제시될 필요가 있다. 그런데 현실에서는 전혀 이러한 상황이 나타나지 않고 있다. 다시 말해 한중 FTA 체결은 시민사회 전반의 주목을 받지 못하고 있다.

한중 FTA로 인해 피해가 예상되는 중소기업 노동자 및 비정규직 그리고 농민의 태도 역시 생각보다 조용하다. 물론 관련 단체에서 한중 FTA에 대한 우려가 제기되고 있지 않은 것은 아니지만,[6] 전반적으로 한국 시민사회에서 한중 FTA를 바라보는 시각은 대체로 소강상태에 놓여 있다.

본 연구팀이 비공식적으로 진행한 일부 시민사회단체 관계자와의 인터뷰에서도 이러한 양상이 나타났다. 시민사회는 대체로 한중 FTA는 중-아세안 FTA 협정 수준의 낮은 수준으로 체결될 것으로 전망한다. 즉, 90%가량의 상품에 대한 관세 철폐, 대신 민감 품목인 농수산물에 대해서는 30%가량 예외가 적용되고 서비스와 투자 부문은 중국의 입장이 반영되어 약한 수준의 자유화를 기본적인 내용으로 할 것으로 평가한다. 더욱이 지적재산권이나 전자상거래 문제와 같은 WTO의 신의제가 포함되는 범위는 넓지 않을 것으로 예상하고 있다. 따라서 중국의 경제수준이나 그동안 중국이 견지해 온 정책적 입장이 반영될 것이기 때문에 현실적으로 타결 가능한 한중 FTA 수준은 중-아세안 FTA 수준이 될 것으로 인식한다.

---

6) 예컨대 최근 대외경제정책연구원이 주최한 관련 토론회에서 농협중앙회, 수협중앙회, 한국노총 등의 관계자는 한중 FTA 체결에 대한 깊은 우려를 제기한 바 있다. 이들은 하나같이 한중 FTA 체결이 매우 민감한 문제이며 따라서 되도록 논의가 되지 않기를 희망하고 있다(대외경제정책연구원 세미나 동영상 및 자료, 2008).

따라서 한중 FTA가 높은 수준으로 체결된다면 농축수산업 등에서 큰 피해가 생기겠지만, 예상되는 타결 수준을 전제할 때 농축수산업은 생각보다 영향이 적을 수 있다고 본다. 한국이 농축수산업의 문제를 고려해 대부분의 민감 품목을 제외했던 한-아세안 FTA 수준으로 한중 FTA를 체결한다면, 이와 관련한 사회적 갈등이 더욱 축소될 수 있을 것으로 전망하기도 한다.

그러나 한중 FTA로 인해 내수를 담당하는 저부가가치 제조업 부문은 추가적 경쟁력 약화가 발생하며 이에 대응하기 위해 공장이나 사업부문 해외이전 등이 나타나 관련 산업의 공동화가 불가피할 것으로 보고 있다. 폐업 및 공장이전 등으로 산업 구조 조정이 더욱 증가할 것이라고 본다. 이렇게 되면 국내 고용시장의 불안정성이 높아져 사회 양극화가 심해질 수 있다고 본다.

따라서 한국 시민사회 입장에서는 한중 FTA 수준이 한중 양국이 상호 민감성을 최대한 인정한 유연한 FTA가 체결되기를 희망하며 이렇게 된다면 이를 반대할 이유가 없다고 보고 있다. 즉, 한중 FTA 협정이 유연하고 상호 존중하는 형태로 추진되고 사유재산권 강화, 시장규제 철폐 등의 각종 시장만능적인 규범이 제한된다면 생각보다 유해성이 적을 수 있다는 것이다.

물론 시민사회 내부에는 FTA, 즉 자유무역협정 자체를 근본적으로 반대하는 견해도 있다. 실제로 일부 단체는 FTA를 신자유주의적 세계화의 상징으로 규정하고 모든 FTA에 대해 매우 부정적이었다. 이러한 시각에 의하면, FTA 체결로 사람들은 끝없는 경쟁에 내몰리고, 양극화는 심해지고, 노동 강도는 더욱 강해지며, 고용은 불안해질 것이라 우려한다. 따라서 이들은 자유무역협정보다는 대안의 무역체계를 구축해야 한다고 본다. 즉, 한국 사회가 '발상의 전환'을 통해 자유무역협정이 아니라 베네수엘라·볼리비아·쿠바가 맺은 민중무역협정(Tratado de Commercio entre los Pueblo: TCP)과 같은 공정무역(Fair-Trade)의 대안 전선이 필요한 시기임을 주장한다.7)

그러나 이러한 견해가 시민사회의 주류로 형성되지는 않고 있다. 대체로 시민사회는 FTA가 사회적 양극화를 심화시킬 것을 우려하고 있지만, FTA 자체에 대해 반대한다고는 볼 수 없다. 사회적 양극화가 방지되고 민중의 살림살이에 도움이 된다면 한국의 시민사회는 FTA 자체를 반대하기보다는 민중의 '삶의 질'을 보장하는 FTA를 요구할 수 있을 것으로 보인다.8) 한미

7) 민중무역협정은 양국이 서로에게 필요한 물품을 교역하는 사실상의 물물교환의 형태이다. 예를 들면, 쿠바에 필요한 기름과 베네수엘라에 필요한 의료지원을 양국이 서로 교역하는 형태이다. 이러한 입장에 서 있는 단체들은 이러한 공정무역이 한미 FTA의 경우에도 가능하다고 주장한다. 최근 미국 내 NAFTA(북미자유무역협정)과 WTO의 정책 기조를 강하게 비판하는 공정무역론자들이 중간선거로 의회에 진출했고, 미국 시민운동 쪽에서도 이런 논지에 대한 지지의 움직임이 있음을 고려했을 때 미국의 통상정책의 상당한 변화도 고려할 수 있다고 주장했다. 따라서 정치적으로 미국의 공정무역론자 및 미국 시민사회단체들과 적극 연대를 모색하여야 한다는 입장이다(『참세상』 2006. 11. 11).

8) 예를 들어 한미 FTA에 대한 진보언론의 여론조사에서도 '완전히 찬성' 9.9%, '대체로 찬성' 48.2% 등 찬성 입장이 60%에 가까웠고 반대 입장은 '완전히 반대' 16.4%, '대체로 반대' 25.5%로 나타났다(『한겨레신문』, 2006. 5. 15). 또 다른 여론 조사에서는 국민의 절반이 한미 FTA로 한국 경제의 경쟁력은 더 좋아질 것이지만, 막상 자신의 살림살이에 대해서는 '변화가 없을

FTA 자체를 반대하는 것이 아니라 한미 FTA의 높은 수준이 문제라는 것이며, 한중 FTA 역시 낮은 수준의 체결이 예상되기에 반대하지 않는다는 것이지 높은 수준으로 체결된다면 시민사회의 반대가 예상된다.

현재 한국의 시민사회의 주류는 한중 FTA 자체를 반대하기보다는 향후 협상의 방향을 예의 주시하고 한중 관계가 '협력적' 관계로 귀결되기를 희망하고 있다. 앞서 설명한 대로 한국 시민사회는 대체로 한국과 중국 간에 민감 품목이 배제된 최대한 유연한 형태의 FTA가 체결되도록 촉구할 것이다. 다만 한중 FTA가 경직된 FTA로 귀결될 가능성이 있는 경우 협정을 반대하는 목소리가 높아질 것으로 예상된다.

(2) 한중 FTA의 재인식

한미 FTA에 대한 저항과 비교할 때 한국의 시민사회가 한중 FTA에 대한 무반응 나아가 사실상의 준비 부족은 무엇을 의미하는가? 사실 한미 FTA의 추진과정에서 시민사회의 입장이 철저히 배제됨에 따라 시민사회는 크게 분노한 바 있다. 이런 점에서 한국의 시민사회가 한중 FTA에 대해 보이는 무관심은 예상 밖이다. 물론 한미 FTA는 정부 간 협상이 마무리되어 그 내용이

것'이라는 응답이 55.2%로 가장 많았다. '더 좋아질 것'(20.9%)과 '더 나빠질 것'(20.2%)이라는 대답은 엇비슷하게 나타났고 한미 FTA가 양극화를 심화시킬 것이라는 대답이 높았다. 이는 한미 FTA에 의한 한국 경제의 경제력 제고가 사회안정이나 개인의 살림살이로 전화되지는 않을 것으로 전망한 것이다(『한겨레신문』, 2007. 4. 4).

공개된 상황인 데 반해, 한중 FTA는 아직 정부 간 협상조차 시작되지 않았고 이에 따라 구체적인 내용이 확정되지 않은 상태에서 기인한 것으로 볼 수 있다. 이것은 한편으로는 한중 FTA가 갖는 파급력이 제한적이라는 공감대가 형성되어 있기 때문이기도 하다.

더 나아가 일반적으로 중국과의 FTA 체결은 경제적 상호 의존의 심화로 양국 간의 정치적 유대관계를 강화시킬 것이며, 양국 간 FTA가 매개가 되어 한·중·일 3국간 FTA 체결을 촉진시킴으로써 결과적으로 한중 관계는 물론 한반도 및 동북아 평화와 안정에도 대체적으로 기여할 것으로 기대한다.

또한 한중 FTA는 동아시아 경제공동체 구축의 시발점으로 간주되어 향후 동아시아공동체 구축에 기여할 것으로 기대하기도 한다. 본래 동아시아 경제공동체 구축은 ASEAN+3 정상회의 체제를 동아시아 경제공동체를 구축하는 시나리오가 시도되었으나 합의가 이루어지지 않음에 따라 동아시아 역내 국가 간에 양자간 FTA 체결과 그 확산을 도모하기에 이른 것이다. 특히 현재 ASEAN 자유무역지대(AFTA)가 존재하는 상황에서 한·중·일 3국 간 FTA가 형성될 경우 이들이 합쳐 동아시아 FTA라는 경제공동체의 기반을 구축할 수 있다고 본 것이다(이창재, 2005: 134-138).

더욱이 동아시아 국가들의 국부가 크게 늘어나고 상호간의 커뮤니케이션 네트워크가 확산되면서 동아시아의 협력 가능성도 빠른 속도로 형성되고 있는 상황에서 동아시아 역내 국가 간의 FTA망 구축은 동아시아 지역주의 발전에 중요한 토대로 작용할 것이라는 전망도 가능하다.

그러나 이와는 달리 한중 FTA가 동북아 지역협력을 촉진할 가능성이 높지 않다는 견해도 있다. 한중 FTA 체결로 가속화될 동아시아 지역 내 FTA 체결 경쟁과 확산은 다양한 원산지 규정의 혼재로 인해 통관비용 등의 경제적 거래비용이 증가하는 '스파게티 접시' 효과(Spaghetti Bowl Effect)9)를 낳을 수 있어 이는 역내 지역통합의 초석이 아니라 오히려 장애물로 작용할 수 있다는 것이다. 한·중·일 3국 간의 역사문제와 민족주의를 둘러싼 갈등과 불신도 지역협력의 장애요인이다. 동아시아 역내 국가들 간의 지역 통합 움직임에 민감한 미국의 반대 가능성도 있다(최원기, 2006). 문화적인 차원에서도 한국과 미국의 거리에 비해 한국과 중국의 거리가 더 가깝다고 이야기할 수 있는지 분명치 않다. 전통시대의 문화적 동질성과 인종적 인접성 이상으로 탈냉전 이후에도 유독 동아시아에서 온존해 온 냉전적 구조하의 문화적 이질성이 뿌리깊이 남아 있기 때문이다(이삼성, 2008; 이희옥, 2004).

대체적으로 국제정치경제적 맥락에서 한중 FTA가 동아시아 경제공동체 구축과 나아가 동아시아 공동체 구축에 유익할 것으로 보곤 있지만, 이러한 로드맵이 과연 가능할지는 장담할 수

---

9) 원산지 규정을 일관성 있게 채택·사용하지 않으면, 생산자는 여러 FTA하의 원산지 규정 조건을 만족시키기 위해 생산공정을 재배치해야 하는 부담을 갖게 되고 기록보존과 인증절차를 구축하는 데도 많은 비용이 소모된다.

없다. 그러나 한중 FTA를 시작으로 하는 동아시아에서 FTA망의 구축은 이 지역의 정치적 안전성을 높일 것은 분명하다. 더욱이 무엇보다도 현재의 세계경제질서의 변화 속에서 한국 경제의 장래를 고려할 때 동아시아와의 FTA가 필요한 이유는 여러 가지가 있다(박번순, 2008a).

첫째, 무역창출 효과가 크다. 중국 및 아세안 등 동아시아는 한국과 경쟁하는 지역이자 무역장벽이 상대적으로 높은 지역이다. 동아시아 FTA로 역내 장벽이 낮아지면서 무역이 더욱 창출되고, 한국은 경쟁력이 높은 대량생산 조립제조업, 부품과 중간재산업에서 더 특화할 수 있는 기회를 갖게 될 것이다. 둘째, FTA와 함께 금융협력을 확대할 수 있다. 교역에서 역내 통화 사용을 장려하면 동아시아 국가들은 막대한 외화자산을 보유할 필요가 없다. 또한 외화자산을 수익률이 낮은 미 재무부 채권에 투자하는 대신 동아시아에서 사용함으로써 성장을 촉진할 수 있다. 셋째, 경제통합의 진전과 함께 동아시아의 정체성이 함양되고 인적 교류가 확대될 수 있다. 동아시아로부터 연간 1천만 명의 관광객을 유치할 수 있다면 한국의 서비스산업은 새로운 모습을 갖게 될 것이다.

동아시아 역내 FTA가 피할 수 없는 현실이라면, 동아시아에서 중국이나 일본에 비해 상대적인 소국이라 할 한국으로서는 역내 국가 간 FTA 체결 과정에서 주도권 선점의 필요성 여부를 차분히 검토해야 한다. 나아가 동아시아 공동체 구축이 매우 어려운 과제이긴 하나, 역내 FTA가 동아시아 공동체 구축의 플랫

품이 될 수 있음은 부인할 수 없다. 동아시아가 유럽과는 다른 역사적·정치경제적 조건을 가지고 있지만, 역내 자유무역 체제 구축을 통해 시작된 유럽 통합의 함의를 발견한 필요가 있다.

한편으로는 최근의 대외적 변화를 압축적으로 상징하는 중국의 부상과 미국에서 시작된 전 지구적 금융위기는 미국 중심의 일극체제가 균열을 보이는 징후일 수 있다. 특히 한미·미일 안보체제에 의해 동아시아에서 미국의 군사적 위상은 유지되고 있지만, 동아시아에서 경제적 영향력이 증대되고 있는 국가는 미국이 아니라 중국이다. 동아시아에 대한 경제적·정치적 관여를 심화하기 위한 정책이었던 한미 FTA도 미국의 경제위기로 새로운 상황을 맞이하고 있다.[10]

이런 외부적 환경의 변화를 인정하지 않는다는 것은 스스로의 미래지향성을 잠식하는 낙후된 방안일 수밖에 없다. 따라서 동아시아 공동체를 궁극적으로 지향하는 한국과 중국의 경제협력은 유의미하다. 동아시아 공동체 구축이라는 장기적 목표를 상상하고 단기적으로도 한반도 평화체제 구축에 유익하다는 측면에서 한중 FTA를 검토할 필요가 있다.

한국 시민사회도 한중 FTA가 동아시아 공동체 형성에 기여할 수 있다면 크게 부정적인 입장을 지니고 있는 것은 아니다. 특히 긍정적 효과를 극대화하기 위해서는 '경제협력', '사회 및 문화

---

10) 미국의 고용 구조의 핵심인 자동차산업 등이 경제적 위기로 타격을 받고 있는 상황에서 자동차산업의 희생을 전제하는 한미 FTA는 미국의 신정부와 의회가 받아들일 수 없는 협정이다.

교류' 등의 내용이 양국 간 FTA 협정에 최대한 반영되기를 기대한다. 이렇게 한중 FTA가 유연하고 협력적인 분위기에서 체결된다면 궁극적으로 양국의 정치·사회·문화적 관계가 강화되고 동아시아 협력의 가능성을 열어 갈 수 있을 것이다.

3. 고려 사항

그렇다면 한중 FTA 체결 시 시민사회에 어떤 영향들이 야기될 것인가? 기존 연구에서는 FTA가 미치는 영향을 농업, 제조업, 서비스업 등 각 산업별로 나누어 분석하는 것이 통례였다. 그러나 산업별 분석은 FTA 이행 이후 각 산업별 변화 가능성에 대해 정량화된 예측을 가능하게 하지만, FTA가 실제 시민사회에 미치는 다양한 효과나 영향들을 고스란히 보여 주지 못한다. 더욱이 정량화된 경제적 효과에만 집착할 경우 FTA 체결로 영향을 받는 민중의 살림살이와 일상의 삶의 질에 대한 평가는 생략되기 쉽다.

따라서 시민사회의 관점에서 한중 FTA의 실익을 따지려면 한국 시민사회의 존립과 발전과 관련된 주요 쟁점별로 나누어 한중 FTA의 영향 여부를 분석하는 것이 필요하다. 여기에서는 농촌사회, 노동환경, 국민건강, 동아시아경제협력과 자본주의 모델 등으로 쟁점을 나누어 그 영향 여부를 최대주의 관점에서 분석·전망하고자 한다. 상술한 시민사회의 예상과는 달리 최악 혹은 최선의 결과까지 고려하는 최대주의 관점으로 한중 FTA가 시민사회에 미치는 영향을 분석하는 것은 결국 시민사회의 입장에서 가장 적절한 한중 FTA 수준을 모색하기 위해서이다.

시민사회의 입장에서 최대주의 관점으로 한중 FTA 쟁점을 분석하면 시민사회에 미치는 부정적인 영향을 보다 명료하게 볼 수 있는 장점이 있다. 뿐만 아니라 시민사회의 요구 수준을 제기하는 데에도 유용한 지침이 될 수 있다. 다시 말해 최소주의적 요구나 사회안전망에 대한 최소한의 장치를 모색하는 것이기도 하다.

1) 주요 영역

(1) 농업과 농촌사회

시민사회에 가장 민감한 업종은 농업이다. 농업은 한국 경제의 개방 과정에서 많은 피해를 입은 대표적 산업이기 때문이다. 따라서 한국 정부도 FTA 추진 시 자유화 원칙을 농업에 무조건 적용하는 것보다는 농업의 민감한 품목을 선정하고 협상 과정에서 이를 고려할 것으로 기대된다. 중국 당국 역시 그동안 한중 FTA 추진에 대한 강력한 의지를 표명하는 자리에서 한국의 민감 품목인 농업 분야에 대해 양보할 입장을 전달하는 등 유연한 입장을 보였다.11) 더욱이 최근 쓰촨 대지진의 여파로 중국 국내

---

11) 중국 상무부 차관보는 2005년 8월 쌀 등 한국 측 민감 품목에 대해서 예외 인정 등 유연하게 처리 가능하다는 입장을 개진했고, 한중 FTA의 최대 걸림

농산물 수요가 급증하고 있고 장기적으로 중국 정부가 장기적인 식량 안보를 걱정해야 하는 만큼 중국이 농산물 분야에 집착할 현실적 동기는 크지 않다. 그러나 한국이 높은 수준의 한중 FTA를 요구하는 과정에서 농업을 포기하는 최악의 협상을 상정하지 않을 수 없다.

한중 FTA가 이행되면 상당한 농업 피해가 예상된다. 현재 한중 농산물 교역은, 중국이 일방적으로 수출하고 한국은 일방적으로 수입하고 있는 상황이다. 중국은 동북부 지역이 한국과 유사한 농산물 작목 구조를 가지고 있고 중국 농업의 가격경쟁력이 한국의 경쟁력을 크게 압도하고 있을 뿐만 아니라 지리적 장점으로 인해 농산물의 신선도도 유지할 수 있다. 중국산 농산물은 가격경쟁력뿐만 아니라 점차 품질경쟁력 면에서도 우위를 보일 것이다.[12] 따라서 한국과의 농산물 교역시장에서는 중국은 경제적 이익을 일방적으로 취할 수 있다. 한국 농업의 특수성이 인정되지 않는 한중 FTA가 체결될 경우 한국 농업에 커다란 손실이 발생할 것은 불문가지이다.

돌인 농산물 문제에서 큰 폭으로 양보할 뜻까지 전달했다고 한다(『한겨레신문』, 2006. 8. 10). 다만 최근 '농산물 시장은 예외로 할 수도 있다'는 중국의 당초 입장에 변화가 감지된다는 소식이 들린다. 그러나 이는 유리한 협상 고지를 선점하기 위한 협상 전략으로 보인다.

12) 중국산 농산물이 가격은 낮지만 품질이 떨어진다는 일반적 인식과는 달리 상당수 품목의 농산물의 고급품이 저급품과 함께 생산·유통되고 있다. 또한 중앙 정부의 '녹색식품' 생산 및 수출 장려 정책과 지역별 완전무공해 농산물 생산에 따라 향후 중장기적으로는 가격뿐만 아니라 품질 면에서도 한국 소비자들의 청정식품 수요를 충족시킬 수 있을 것으로 예상된다.

농촌경제연구원의 연구 결과에 따르면, 연산 가능 일반균형 (CGE) 모형에 의해 한중 FTA 체결의 파급효과를 계측한 결과, 농산물 수출은 9% 증가하는 반면 수입이 88%나 증가해 결과적으로 농업 생산은 11% 감소하는 부정적인 영향을 초래하게 된다. 계량경제 모형을 이용하여 품목별 농업소득에 미치는 영향을 계측한 결과 FTA 체결에 따른 쌀 생산 농가의 소득 감소액은 2010년 2조 원, 하계채소 농가는 2,800억 원, 과수농가는 1,830억 원으로 추정되었다. 또한 축산물 소득 감소액은 880억 원, 특용작물 소득 손실은 400억 원, 시설채소 손실액은 130억 원에 이르는 것으로 나타나 양국 간 FTA가 체결될 경우 한국 농업 생산 및 농가소득이 큰 피해를 입게 될 것으로 예상된다(최세균 외, 2002).

대외경제정책연구원(KIEP)과 중국 국무원 산하 발전연구중심(DRC)이 2005년 3월부터 2006년 12월까지 진행한 한중 FTA 민간 공동연구에 따르면, 한중 FTA로 모든 농산물의 관세가 철폐될 경우 우리나라의 농업 피해가 막대한 것으로 나타났다. 구체적으로 보면, FTA 체결로 2011년부터 2020년까지 10년간 농산물 관세가 철폐되면 국내 농산물 생산액이 2005년 342억 달러에서 2015년 292억 달러(27조7400억 원), 2020년에는 274억 달러로 66억 달러(6조2700억 원)가 급감하는 것으로 알려졌다. 따라서 여러 안전장치를 두지 않은 채 FTA가 체결되면 한국 농업은 사실상 붕괴로 이어질 것이다(『한국농어민신문』, 2007. 4. 16).

농업의 붕괴는 농촌의 붕괴를 야기한다. 농업과 농촌은 식량을 안정적으로 공급할 뿐 아니라 향후 국제사회의 식량 무기화에 대비하는 식량안보의 기능을 수행한다. 농업과 농촌은 지역 사회의 안정과 균형을 유지하고 국토와 환경을 보전하는 역할도 한다. 농업과 농촌은 농촌 거주자에게는 농촌문화의 보전과 지역정체성의 확립, 전통문화의 계승 등을 제공할 수 있게 해주고, 도시 거주자에게는 정서적 안정을 줄 뿐만 아니라 자연과 전통문화 체험, 생명 및 생태계의 존중, 인간성의 회복과 공동체적 의식을 고양시키는 교육적 기능을 수행하기도 한다. 농업과 농촌의 붕괴는 한국 시민사회의 유지와 발전에 기여한 공익적 기능을 포기하는 것이다(박진도, 2005).

한중 FTA 협상에서 농업 부문을 소비자 효용과 같은 맥락으로 접근하여 농산물 시장을 큰 폭으로 개방하는 것은 한국 농업을 궤멸적 상황으로 몰고 갈 것이고 농민 부분의 저항도 한중 FTA 자체를 저지할 수 있는 휘발성을 지니게 될 것이다.

(2) 노동환경

두 번째는 한중 FTA가 노동환경에 가져다줄 충격이다. 한중 FTA를 체결할 경우 한국에 가장 피해를 입을 분야는 농업 외에도 의류, 전기전자, 피혁, 목재 등 노동집약적 제조업 분야이다. 또한 FTA 체결에 따른 거래비용의 감소로 한국의 중국 투자가 증가할 것으로 보이는데, 이는 한국의 산업공동화를 가속화할 수 있다. 한편 한중 FTA는 필연적으로 저부가가치 산업부문, 즉 농업과 중소기업 위주의 제조업으로 이루어져 있는 노동집약적 산업의 구조조정을 야기할 것이다(남영숙 외 2004; 정인교, 2006).

중국에 농산물 시장을 개방한다면 한국의 노동환경은 더욱 큰 충격을 받을 것이다. 즉, 농민이 저임금 노동자로 변신하여 낮은 임금을 놓고 기존 노동자와 경쟁할 것이며 기업이 더 낮은 노동기준을 향해 질주하는 '바닥을 향한 경주(race to the bottom)'[13]를 야기할 것이다. 한국과 같이 무역의존도가 높은 국가에서는 무역을 확대하기 위한 가격 경쟁이 치열해지면 이는 비용인하 경쟁을 강제하게 되고, 비용인하 경쟁이 극심해져서 한계에 다다르면 '경쟁력'이라는 명목으로 국가의 노동 기준을 축소하게 되는 악순환이 반복된다.

더욱이 한중 FTA는 농업 부문 및 노동집약적 산업에 대한 구조조정을 가속화하는 효과를 발생시키지만, 대기업 및 부품기업의 국내 고용 확대 효과는 크다. 즉, 제조업 부문의 구조조정과 산업공동화를 동시에 야기할 가능성이 높은 한중 FTA가 설사 경제성장에 기여한다 하더라도, 한국 사회의 최대 문제인 고용 창출에 기여할 수 있을 것인지 의문스럽다.[14]

한국 사회에서 고용 없는 성장은 1997년 외환위기를 거치면서 제조업 부문의 고용 감소 현상과 함께 현실화되었다. 그런데 제조업 일자리 감소 현상은 국내 기업들의 중국 진출과 깊은 관

---

13) '바닥을 향한 경주'란 게임 이론에서 말하는 죄수의 딜레마와 매우 유사하다. 게임 참여자 모두를 위한 최적 결과는 참여자의 협조를 통해서 달성될 수 있지만, 각 개인을 위한 최적 결과는 다른 사람들은 협조하지만 자신은 협조하지 않을 때 발생하는 경우가 종종 있다.

14) 한국노총의 관계자도 한중 FTA 체결로 기업들의 고용상황이 악화될 것이라고 주장한다(대외경제정책연구원 세미나, 2008. 4. 1).

련이 있다. 제조업의 중국 진출이 국내 고용 감소뿐만 아니라 신규 고용 창출까지 가로막았기 때문이다. 더욱이 업종과 기업 규모를 고려할 때는 첨단·자본집약적 업종일수록, 기업 규모가 클수록 투자 증대에 따른 고용창출의 효과가 적다.15)

중국의 서비스 시장 개방이 이루어진다고 해도 한국의 국내 고용 효과가 크게 나타날지도 미지수이다. 물론 한중 FTA가 높은 수준으로 체결되면 향후 관련 서비스 기업의 중국 진출도 크게 늘어날 것이다. 중국의 서비스 시장 개방은 한국 기업의 중국 투자와 내수시장 진출 등에서 커다란 기회를 제공할 것이다. 그러나 이로 인해 한국의 국내 고용이 자동적으로 늘어나는 것은 아니며, 중국에 진출하는 서비스 기업이 중국의 노동기준을 거꾸로 가져와 한국 서비스업 고용 체제에 적용함으로써 노동시장의 유연화를 더욱 가속화시키는 현상이 발생할 수 있다.

노동시장의 유연화는 노동력의 선순환적 혹은 발전적 이동을 위한 것이 아니라 오히려 불안정한 고용 구조의 강제적 내재화를 위한 도구로 악용되고 있다. 신자유주의 논리에 기댄 노동시장 유연화는 오히려 노동자들의 경직된 노동관을 강화시키고 있다. 결국 설사 높은 수준의 한중 FTA가 한국의 경제성장에 기여한다고 하더라도 신자유주의적 노동환경을 강요하는 한 이는

---

15) 2006년 통계청이 발표한 「2005년 광업·제조업 통계 조사」는 당면한 고용 없는 성장의 위기적 현실을 분명하게 보여 주고 있다. 이에 따르면, 제조업체 유형 자산이 10억 원 늘어났을 때 고용 증가 인원이 2003년 평균 36.7명, 2004년에는 18.2명, 2005년에는 3.1명으로 급감했다(『시사 IN』, 2007. 10. 1).

'고용 없는 성장'이 될 가능성이 높다.

따라서 일자리 창출을 위한 별도의 대책이 제시되지 않는 한, 높은 수준의 한중 FTA 자체가 현재의 노동시장 양극화를 해소하는 데 기여하기는커녕 오히려 이를 더욱 심화시킬 가능성이 높다. 이는 비정규직 노동자의 확산과 열악한 노동조건, 노동 내 불평등과 빈부격차의 확대, 실업률 증대의 문제들이 나타날 것은 자명한 일이다. 저소득 노동자의 확대와 고용불안 등 노동 양극화의 심화는 내수 기반 침체와 성장 잠재력의 약화는 물론, 저소득 노동자들에 대한 사회적 배제와 노동자의 탈정치화를 야기한다. 따라서 노동 문제는 단지 특정 집단의 문제가 아니라 한국 사회의 민주주의의 문제이기도 하며 노동의 위기는 민주주의의 위기를 낳을 것이다(최장집. 2005).

(3) 국민건강

FTA는 단순한 관세 철폐에 관한 내용뿐만 아니라 서비스, 투자, 무역규범, 지적재산권 등 다양한 분야를 협상 대상으로 다룬다. 한중 FTA에서는 사실 단순한 관세철폐 문제보다 이러한 분야들이 매우 중요한 쟁점으로 다루어지고 있다. 특히 한중 FTA 협상에서 한국은 공산품 수출입과 관련된 제도개선 및 한국산 제품에 대한 반덤핑조사의 집중 현상 등 중국의 비관세장벽의 해소 및 지적재산권 보호에 중점을 둔 것으로 보인다. 이에 따른 협상 카드로 중국은 한국에게 농수산물 수출입과 관련된 검역과 통관 제도의 개선, 즉 검역시스템의 완화에 중점을 둘 가능성이 높다.

그러나 사실 현재에도 한국 정부의 중국산 수입 농수산물에 대한 안전관리는 제대로 이뤄지지 않고 있다. 해마다 중국산 유해 농수산물이 문제를 일으키고 있지만 반송·폐기나 사안 발생 때마다 중국 정부에 관리·감독 강화를 요청하는 것이 현실이다. 한국 당국은 중국산 농수산물에 대한 검역을 강화하면 통상마찰을 일으킬 수 있다는 이유를 들어 강력한 대책을 마련하지 못해 왔다.[16) 최근에 이르러서도 위생검역 시스템이 개선되기는커녕 오히려 개악되고 있다는 것이 일반적인 평가다. 예컨대, 한국 정부는 2008년 8월 한중 정상회담에서 '한중 수출입수산물 위생약정'을 개정하면서 중국 수산물에 대한 국내 수입기준을 대폭 완화해 준 것으로 드러났다.[17)

중국산 제품에 대한 신뢰의 위기는 이미 전 지구적인 이슈로

16) 국내 수입 농수산물의 안전망인 통관 과정은 수입 물량의 80%를 육안이나 서류 검사만으로 반입시킬 정도로 허술하다. 인력 부족도 심각하다. 중국 내 농수산물의 재배 및 출하까지 점검할 인원도 없을 뿐더러 중국에 파견돼 있는 식품의약품안전청 검사관도 고작 1명에 불과하다(『보건신문』, 2005. 8. 30).

17) 민주노동당 강기갑 의원에 따르면 "수입된 수산물에 위생 및 안전에 관한 문제가 발생하는 경우 이 문제가 완전히 해결될 때까지 수입을 잠정 중단한다"는 기존 문구가 개정안에서는 "1년에 2회 이상 중대한 위해 요인에 의한 부적합 사례가 발생할 경우를 제외하고는 15일 이내로 수출 중단을 해제"하도록 바뀌었다. 중국 수산물에 위생안전 문제가 발생하면 경중에 상관없이 해당 상품의 수입을 전면 중단하던 것을, 심각한 위반사항만 아니면 중국 측의 개선조치 통보만으로 15일 이내에 수출중단을 해제토록 한 것이다. 또한 이번 위생약정 개정안에서는 그동안 중국산 수산물 검사항목에 포함돼 있던 이산화황과 콜레라 항목이 삭제됐다(『경향신문』, 2008. 9. 26).

제기된 상황이다. 제품의 품질 불량은 물론 인체에 미치는 안전 상의 위험도가 금도를 넘어선 지 오래되었다. 최근의 세계적인 멜라민 파동은 중국산 제품에 대한 불안감이 정점에 달해 있음을 보여 준다. 중국 제품에 대한 불안감은 중국과 중국인에 대한 적대적인 감정을 심화시키고 국가 간 갈등을 심화시키는 요인이 되고 있다.

따라서 한중 FTA가 체결되어 중국 농수산물에 대한 검역체제 자체가 완화될 경우 시민사회에 미치는 파장은 매우 클 것으로 예상된다. 최근 미국 쇠고기 수입에 반대하는 한국 시민사회의 항의시위에서 보듯 수입 농수산품에 대한 위생검역체계가 FTA 협상에서 붕괴될 경우 국민건강은 크게 위협받게 될 것이기 때문이다. 특히 현재 중국의 농산물 가운데 과수와 축산물 등 중국의 위생검역상 수입금지가 이루어지고 있는 품목들이 한중 FTA 체결로 위생검역이 전향적으로 완화될 경우, 한미 FTA보다 몇 배의 부작용이 나타날 수 있다. 양국 관계의 건강한 발전을 위해서라도 한중 FTA 조항에서 중국산 제품에 대한 엄격한 안전관리 체제가 절대적으로 필요하다.

FTA는 생산과 소비를 극대화하고 투자자에 대한 보호를 최우선으로 하는 체제이다. 그 체결 수준에 따라 달라지긴 하겠지만 FTA 체제 하에서는 에너지 소비가 극대화되고 국내 환경기준의 준수 의무로부터도 자유롭게 되어 환경파괴가 심화될 가능성도 있다. 높은 환경기준에 대한 합의가 이뤄지지 않는 한, 한중 FTA 는 궁극적으로 환경친화적일 수 없고, 결국 한중 FTA는 국민의 건강권에 배치되는 결과를 낳을 수 있다.

(4) 동아시아 경제협력

중국의 FTA 추진은 자국 중심의 경제 블록을 구축해 미국의 영향력을 약화시키고 강대국으로의 부상에 유리한 외부 환경을 조성하기 위한 것이다(沈佳, 2007: 26-27). 중국의 입장에서는 동아시아 지역이 역내의 활발한 경제교류 협력이 진행되고 있음에도 미국 중심의 NAFTA나 유럽연합 등과는 달리 동아시아 지역의 역내 통합이나 협력체 구성 노력이 부진하여 중국의 국제정치적 영향력 확대에 불리하다고 판단해 자국 중심의 동아시아 질서를 구축하고자 하는 것이다(龐中英, 2001: 30-35). 이러한 측면에서 중국은 한중 FTA를 중국 중심의 동아시아 질서 구축을 위한 수단으로 간주한다. 따라서 한중 FTA 체결이 동아시아 경제공동체 구축으로 단기적으로 직결될 가능성은 높지 않다. 중국 주도의 동아시아 체제 구축을 미국과 일본이 인정하지 않으려 할 것이기 때문이다.

그러나 동아시아에서 지역주의가 강화되는 것은 거스를 수 없는 세계적 추세이다. 세계화의 추세는 지역주의의 경로를 통해 심화·확산되고 있으며 동아시아 지역은 이러한 추세에 맞추어 ASEAN+3를 기본 틀로 하는 동아시아지역 공동체 형성 운동이 계속되고 있기 때문이다. 1997년 동아시아 외환위기 이후 외환위기에 동아시아 국가들이 공동으로 대응하기 위해 2000년 5월 '치앙마이 이니셔티브(CMI)'로 불리는 쌍무통화협정이 체결되었고, 아시아 국가들의 풍부한 자금이 역내에서 환류할 수 있도록 2007년에는 아시아채권시장(AMBI) 출범에 기본적으로 합의함으로써 동아시아 외환위기의 재발을 방지하는 동아시아 경제협력 노력을 추진해 왔다.

이와 같은 흐름의 연장선상에서 최근 세계적인 경제위기에 대해 동아시아 국가들의 독자적인 위기대응이 논의되고 있다. 특히 주목되는 점은 지난 8년 동안 이미 800억 달러의 공동기금을 조성한 치앙마이 이니셔티브를 동아시아 역내 국가의 다자간 통화협력체제인 아시아통화기금(AMF)으로 확대시킬 것에 대한 공감대가 형성되고 있는 점이다.

결국 단기적으로 동아시아 경제공동체 구축으로 발전될 가능성은 없지만, 미국 발 금융위기의 확산으로 조성된 공동의 위기감이 동아시아 경제협력의 공감대를 확대시키고 있는 것 또한 분명하다. 이러한 때 한중 FTA의 체결은 동아시아 역내의 FTA 체결의 확산을 촉발하는 계기가 될 수 있다. 동아시아 경제협력의 공감대가 확산되는 상황에서 일본이 역내 FTA 체결에 적극 나서는 것이 중국 중심의 동아시아 질서 구축을 견제하고자 하는 의도를 반영하고 있다. 사실 최근 후진타오의 일본 방문으로 중일 관계가 개선되고 있고 중일 간 FTA 체결 논의도 재론될 것으로 보일 뿐만 아니라 2009년 한일 정상회담에서는 한일 FTA가 심도 있게 논의되는 점에 비추어 볼 때 동아시아 경제공동체 논의가 다시 활성화될 가능성이 점쳐지고 있다(蕭遥, 2008).

한중 FTA는 양국 시민사회의 이익을 동시에 고려하면서 추진

될 경우 장기적으로 동아시아 지역질서에 유익하게 작용할 수도 있을 것이다. 따라서 시민사회의 보다 넓은 상상력과 적극적인 실천이 필요하다. 동아시아 지역주의 체제의 부상은 세계화의 흐름에도 상당한 영향을 끼쳐 세계화가 탈서구화의 방향, 즉 아시아식 방향으로 진행될 수도 있으며 더 나아가 아시아가 세계화 과정의 새로운 규범을 만들 수 있다(최태욱, 2007b; 최태욱, 2008).

자본주의체제는 정치·경제·사회 구성에서 각국별로 매우 다양한 모델이 존재해 왔다. 자본주의 경제체제는 크게 보면, '(신)자유주의 시장경제'와 '조절된 시장경제'의 두 유형으로 분류할 수 있고 이들 사이에는 경제성장, 실업률, 사회적 평등 등 사회·경제적 성과에 차이가 존재해 왔다(Peter A. Hall and David Soskice, 2001). 더욱이 동아시아 발전국가라는 서구와는 다른 동아시아 특유의 자본주의 모델이 역사적 실체로 존재해 왔고 아직도 그 유효성이 주장되기도 한다(윤상우, 2005; 장하준·그레이블, 2008: 59-68). 더욱이 중국은 최근 자신의 발전 모델을 영미형 '신자유주의 모델'과는 다른 특징을 가진 발전 모델로 규정하고 이를 적극적으로 주창함으로써 신자유주의적 경로와는 다른 정책 선택을 계속할 것임을 예고해 왔다.[18]

---

18) 중국에서는 중국이 신자유주의적 발전 모델과 다른 독자적인 정책 선택과 발전 경로를 거쳐 왔다는 측면에서 '중국 모델(中國模式)'이란 개념이 주창되어 왔다. 주로 중국 내 관변 연구소의 학자들과 (신)좌파 학자들 사이에서 논의가 집중적으로 전개되고 있는데, 중국 모델에 대한 논자들의 의견은 아직 완전히 통일되어 있는 것은 아니다. 중국 모델과 관련한 중국 논자들의

이는 동아시아 경제협력이 한국을 비롯한 각국의 자본주의의
모델 문제와 연관이 깊다는 것을 의미한다. 동아시아 경제협력
은 1997년 외환위기라는 동아시아 공동의 아픔에 기초해 그것
을 해결하는 방식으로 신자유주의 모델이 아닌, 지역 공동의 협
력과 그것을 보완할 수 있는 개별 국가의 자율성 확보, 그리고 공
정하고 자유로운 시장경제를 유지하려는 자유주의적 개혁과 함
께 시장의 '실패'와 '한계'를 극복하려는 지역공동체의 '공공성'
확보가 핵심이 되는 경제협력체가 될 수 있다고 보는 것이다(김
종걸·정하용, 2007: 92-93).

2) 한중 FTA의 저선(bottom-line)

한중 FTA가 한국 시민사회에 미치는 효과를 보다 미시적으로
접근한다면 논란이 존재할 수도 있다. 그만큼 FTA로 야기되는
정치·경제적 결과들이 복잡하게 얽혀 새로운 상황 변화 속에서
지속적으로 상호 작용하여 또 다른 양상을 만들어 낼 가능성이
높기 때문에 한중 FTA 이후 한국 시민사회의 미래를 예단하기
란 사실 간단치 않다. 사실 FTA가 다른 한편으로는 한국 경제의
문제들을 해결할 수 있는 출로라고 생각하는 인식도 있다. 이러
한 이유로 인해 한국 시민사회는 FTA가 불가피한 것이라면 한

다양한 논의에 대해서는 黃平·崔之元(主編), 2005; 俞可平·黃平·谢曙光·高健
(主編),2006; 曹天子(主编), 2006 등을 참조. 중국 모델에 대한 국내 연구자들
의 평가는 전성흥(편), 2008 참조.

국 시민사회에 악영향을 미치지 않는 조건에서 수용하겠다는 태도보다 적극적인 사고도 필요하다. 특히 한미 FTA와는 달리, 한중 FTA 수용에 대해 시민사회 내에서 큰 논란이 발생하고 있지 않은 것은 바로 상술한 시민사회의 입장을 반영하고 있다.

사실, 현재 한국 경제의 급선무는 대안 시장을 마련하고 세계 시장에서 동아시아 국가 간의 과도한 경쟁으로 인한 교역 조건의 악화를 방지하는 것이다. 한국의 입장에서 볼 때 제조업에서 일본과의 기술격차는 줄여 나가되 중국과의 기술격차를 유지시켜 제조업에서 고용을 창출하고 서비스산업의 생산성도 제고해야 한다. 이러한 측면에서 한국 경제의 활로는 한중 FTA를 시작으로 하는 동아시아 FTA 체결에서 출발할 필요가 있다.

지금까지 시민사회의 관점에서 중요한 한중 FTA 쟁점들이 한국 시민사회에 미치는 영향을 추론해 보았다. 만약 상술한 추론이 전반적으로 현실화된다고 가정했을 때, 농업 및 농촌사회, 노동환경이나 국민건강 측면에서 한중 FTA는 그렇게 긍정적이지 않을 것으로 보였지만, 한중 FTA가 신자유주의화를 상쇄시키는 동아시아 경제협력을 가속화한다는 측면에서는 중장기적으로 긍정적인 측면이 발생할 것이다. 다만 농촌사회에 대한 영향력은 한중 FTA의 체결 수준이 농업 부문의 민감성을 얼마나 유예시키고 피해갈 수 있는가에 따라 달라질 것이므로 현실적으로 매우 유동적이라고 할 수 있다.

결국 한국 시민사회의 관점에서는 한중 FTA가 상품 분야의 관세 인하 폭은 최대한 낮게 하여 중국으로부터 농수산물이나

<표> 한국시민사회의 한중 FTA 선호

		제도개선 여지	
		많음	적음
관세 인하	큼	A(3)	B(4)
	작음	C(1)	D(2)

공산품의 수입 물량을 최소화하는 한편, 관세 이외의 문제와 각
종 제도개선 문제를 폭넓게 다루는 것이 필요하다. 이런 선택은
FTA로 인한 단기적 구조조정을 방지하여 고용을 상대적으로 안
정화시켜 농촌사회나 노동환경에 대한 악영향을 최소화시킬 수
있다. 뿐만 아니라 정부의 노력에 따라 검역체제, 환경기준 강화
를 통해 시민사회의 건강권과 관련된 문제를 해결할 수 있고 비
신자유주의형 자본주의 모델을 지향하는 제도개선을 지향할 수
도 있다. 이와 같은 점을 고려하면서 앞 장의 <표 13>에서 제시
된 이념형의 기준을 그대로 차용하여 <표>로 재구성해 보았다.

그 결과, 상술한 목표에 적합한 최선의 방안은 C이다. 이 방안
은 한중 FTA와 같이 상호 민간 품목이 많고, 제조 및 정책적인 요
인에 의해 무역자유화가 이루어지지 못하는 경우 그래서 맞춤
형 협상이 필요한 경우 매우 유용한 방안으로 평가된다. 다만, 한
국이 비(非)신자유주의형 자본주의 모델을 지향하는 제도개선
을 추구할 가능성은 현실적으로 높지 않은 상황이며, 검역체제
나 환경기준 등 한국 시민사회의 건강권과 관련된 제도개선을

여전히 가격경쟁력을 중시하는 중국이 수용할 가능성도 크지 않다.

또한 한국 시민사회가 D안을 차선으로 선택할 수 있을 것이다. 관세 인하 폭은 C와 마찬가지로 적은 반면, 제도개선의 여지도 적기 때문이다. 사실상 현상을 유지하되 동아시아 경제통합의 의미는 살려 나갈 수 있는 방안이다. 그 외에 남는 안은 관세 인하 폭은 큰 대신 제도개선 여지도 많은 A와 관세 인하 폭은 크지만 기타 협상의제가 단순화되어 제도개선 여지도 적은 B이다. 아무래도 제도개선 여지가 많은 A가 B보다는 한국 시민사회에 이익이 되겠지만, 관세 인하 폭이 크다면 구조조정 효과는 극대화되어 농촌사회나 노동환경은 악화될 가능성이 높기 때문에 사실상 그 구분은 무의미하다.

결론적으로 한국 시민사회의 한중 FTA 선호 순위는 C, D, A, B의 순서가 될 것으로 전망된다. 이러한 결과는 한중 FTA가 낮은 수준에서 유연하게 나타난다면 크게 문제될 것이 없다는 한국 시민사회의 대체적인 인식과 상통한다.

4. 시민사회의 대응

FTA를 중심으로 지역주의 흐름이 심화되는 상황이라면 한중 FTA를 무조건 반대할 것이 아니라 동아시아 공동체라는 장기적인 목표를 설정하고 각국 시민사회에 호혜적인 FTA를 추진한다는 원칙을 세울 필요가 있다. 장기적인 관점에서 협상 대상국의 특수성을 존중해 가며 신중하게 접근해야 하지만, 단기적인 목표는 최소한 각국의 저선(bottom-line)이 보호되는 전제에서 설정되어야 한다. 미국의 동아시아 개입 심화 전략에 맞서 중국 중심의 '바퀴통–바퀴살' 체제를 장기적으로 동아시아에서 구축하려는 것이 중국의 FTA 추진의 주요 동인이라는 점을 상기한다면, 중국 역시 최대주의가 아닌 최소주의 관점에서 한중 FTA 협상을 체결하고자 할 것이기 때문에 양국의 저선이 보호되는 낮은 수준의 FTA 체제가 용이하게 수립될 수 있다.

한국으로서는 낮은 수준의 한중 FTA를 먼저 체결하여 이를 거꾸로 한미 FTA 체제를 바람직하게 조정·규율하는 계기로 활용할 필요가 있다. 심화되는 경제위기와 버락 오바마 민주당 후보의 대통령 당선으로 미국은 현재의 한미 FTA 협정을 수용하기 매우 어려워졌고 최소한 재협상의 가능성도 배제하기 어렵다. 이때 한국 역시 차제에 농업 보호, 고용 안정화, 국민건강권의 복원, 한국형 조절 자본주의 체제 구축 등을 목표로 한미 FTA를 발본적으로 재검토할 필요가 있다. 나아가 한국은 위험도가 낮은 국가와 '위에서 아래로 흐르는' FTA망을 촘촘히 구축하여 경제적 안정화와 사회안전망 심화를 추진한 이후 적절한 시점에서 FTA 수준을 점차 높여 가는 점진적이고 유기적인 접근이 필요하다.

영미형 신자유주의 시장경제의 절대적인 수용을 요구하는 한미 FTA가 미국의 경제위기로 체결이 불투명해진 상황에서, 새

로운 유형의 바람직한 자본주의 모델을 동아시아에 구축할 필
요가 있다. 이러한 측면에서 한중 FTA는 동아시아 자본주의의
새로운 모델 정립에 대한 논의를 촉발시키는 계기가 될 수 있다.
최소한 동아시아에서는 역내 FTA가 선진국 중심의 자유무역협
정(Free Trade Agreement)이 아닌 '모두에게 공정한 무역(Fair Trade
for All)'이어야 함을 인식하고, 상대적 약자를 보호하면서 공정한
자유무역의 규칙을 만들어 지키는 노력이 필요하다(스티글리츠·
찰턴, 2007). 이와 같은 원칙이 정립되어야 동아시아의 자본주의
는 바람직한 모델을 모색할 수 있을 것이다.

한중 FTA가 동북아 3국의 FTA를 유인하는 첫 FTA가 될 수 있
는 만큼 한국과 중국은 FTA 협상에서 호혜적인 동아시아 경제
공동체를 구축하고 새로운 자본주의 및 시장경제 모델을 구축
한다는 목표의식을 가지고 협상에 임해야 한다. 양국은 앞서 논
의한 대로 한중 FTA가 최대한 유연한 수준으로 체결되도록 노
력하며 이와 동시에 농업, 저부가가치 제조업 등 저소득층 부문
에서 피해를 최소화하고 사회적 양극화를 완화시킬 국내 경제·
사회정책을 추진해야 한다.

한국의 시민사회는 FTA 정국에서 자본주의의 여러 유형에 대
한 정확한 인식과 광범위한 사회적 논의를 진행해야 하며 궁극
적으로 어떤 유형의 자본주의 모델을 지향할 것이며 그 길을 가
기 위해서는 어떠한 노력이 필요한지를 사회적 합의로 도출할
필요가 있다(최태욱 외, 2007: 125).

중장기적으로 한국과 중국을 포함하여 동아시아 각국의 시민

사회는 이와는 별도로 공정무역을 추진하는 사회적 기업들을 조직하거나 지원해야 한다. 이 같은 사회적 기업들이 운영하는 공정무역은 공정한 생산원가에 생산자와 지역사회가 건강하게 살 수 있도록 '생태기금' 조성비를 포함하여 가격을 책정하는 것이 기본이다. 이것은 생산자의 노동권과 건강권을 보장하고 소비자에게 건강한 상품(이를테면, 유기농)을 보장하기 때문에 그 발전 가능성이 적지 않다(리트비노프·메딜레이, 2007).

동아시아가 하나의 통합체를 구성하는 데에는 아직도 많은 문제가 상존해 있다. 특히 동아시아 각국 민중의 역사적 기억이 여전히 동아시아 각국 사회에 오롯이 남아 있다. 동아시아 각국 간 영토 갈등이 완전히 해결되지 않은 상태로 남아 있으며 배타적 민족주의도 심각하다.

이러한 우려가 팽배해진 상황에서 동아시아 각국의 시민사회는 동아시아 공동체 구축이라는 목표를 추진할 수 있는 유일한 주체가 될 수 있다. 국가나 기업보다 시민사회 간에 보다 굳건한 상호신뢰가 구축될 수 있기 때문이다. 이것이 '동아시아 국가나 기업 협력' 중심의 시각이 아니라 '동아시아 시민사회의 구축'이라는 시각에서 한중 FTA와 경제협력체 추진을 도모해야 하는 이유이다.

한중 FTA를 보는 하나의 시각

중국은 베이징 올림픽을 성공적으로 개최했고, 미국 발 금융 위기 국면에서 중국의 세계전략 특히 지역전략의 공간이 넓어지면서 한중 FTA 문제를 적극적으로 제기하고 있다. 실제로 중국은 '미국 발' 금융위기 이후 통화의 국제화, 국제관계의 민주화를 주장하기 시작했다. 중국이 주도하는 상하이협력기구(SCO) 회원 국가에게 저리대출을 제공하기로 했을 뿐만 아니라 금융위기에 봉착한 파키스탄에 금융지원을 시작했다. 또한 중국 자본은 미국 기업을 흡수·합병하는 데 적극적으로 나서고 있으며, 국제통화기금 등에서 개발도상국의 발언권 강화를 공개적으로 요구하고 있다. 한국과 중국 간의 통화 스와프 체결도 이러한 맥락에서 이해할 수 있다.

나아가 미국과 불가피하게 중첩과 경쟁이 나타날 동아시아 지역 전체를 하나의 세력권으로 편입하고자 하는 구상도 나타나고 있다. 중국은 개혁·개방 이후 세계경제와 상호 의존이 심화되는 과정에 능동적으로 편입하면서도 단일한 자본주의 시장에 대한 우려를 동시에 가지고 있었다. 즉, 세계화가 진행될수록 중국의 헤게모니가 약화되고 중국의 정치적 공간을 제약할 것이라고 보았기 때문이다. 그러나 1997년 아시아를 강타한 금융위기를 겪으면서 대국형 개방경제의 지속적인 발전을 위해 WTO에 가입하는 한편[1] 양자간 FTA와 지역주의 전략을 적극적으로 추구했다. 그리고 6자회담을 다자안보체제로 발전시키는 데 적극적인 관심을 기울이는 등 지역주의는 중국의 가장 중요한 국가전략의 하나로 자리 잡았다.

이러한 과정에서 한국의 지경학적·지정학적 위치가 중국에게 다시 포착되기 시작했다. 더구나 한미 FTA를 통해 미국이 한국을 말뚝국가(stake state)로 만들고자 하는 시도를 상쇄하기 위한 의도도 내포되어 있다. 한미 동맹의 복원을 강조한 이명박 정부가 출범하자마자 한국 정부의 대중 외교의 지속과 변화를 확인할 틈도 없이 중국이 '전략적' 관계 구축에 나선 것도 이러한 인식의 일단을 보여 준 것이다. 뿐만 아니라 경제적인 맥락에서도 중국은 미국을 비롯한 선진국들과의 교역에서 거둔 흑자의 상당 부분을 동아시아 특히 한국으로 귀속시키는 구조에 대한 비판적인 문제의식을 지녀 왔다. 실제로 한국은 전체 무역흑자의 약 60% 이상(2007년 기준)을 중국에서 얻고 있다. 중국과의 무역규모가 큰 국가로는 처음으로 한국이 2005년 중국에 대해 시장경제지위(market economy status)를 인정했고 이로써 FTA를 위

---

1) 중국의 세계경제 편입에 대한 의미와 그것이 가져다줄 노동 약화에 대해서는 백승욱, 2008: 145-180 참조.

한 기본적인 틀을 갖추게 되었다.

중국이 동아시아에서 FTA를 추진하는 목표와 과정은 단기적인 경제적 이익을 추구하는 데 머무르는 것이 아니라 중장기적인 안보이익을 함께 고려하는 복합적인 것이다. 중국이 아세안과 FTA를 추진하는 과정에서 조기수확방안(early harvest program)을 제공하면서 적극적인 행보를 보인 것도 이러한 맥락에서 이해할 수 있다.

그러나 한국 사회에서 한중 FTA에 대한 인식과 태도는 정부의 실무부서를 제외하고는 크게 관심을 끌지 못하고 있는 상황이다. 한미 FTA와는 달리 정치권과 시민사회 진영의 대응도 이와 크게 다르지 않다. 이것은 두 가지 측면에서 해석할 수 있다.

첫째, 한국 정부의 속도조절론에 있다. 왜냐하면 연간 200억~400억 달러(2007년 한국의 통계로 200억 달러 중국의 통계로 400억 달러)로 대중국 무역흑자를 기록하고 있는 상태에서 선제적으로 한중 FTA를 추진할 동력이 강하지 않기 때문이다. 뿐만 아니라 한국 측 통계로 비추어 보더라도 협상의 결과에 따라 달라지겠지만, 경제적 시너지를 낼 수 있는 가능성이 크지 않다는 현실적 판단도 작용하고 있다. 실제로 중국에 진출한 한국 기업이 한중 FTA에 대해 손익구조를 계산한 경우를 보면, FTA 효과가 사업 전반에 뚜렷한 효과를 가져다줄 것으로 기대하지 않고 있다.

둘째, 시민사회와 노동 진영에서도 한미 FTA가 가져다줄 위험에 비해 한중 FTA는 수준과 폭에 대한 합의만 잘 이루어진다면 굳이 반대할 필요가 없다는 인식이 있기 때문이다. 여기에는 물론 위생 협정과 같은 민중생활과 직결된 민감한 문제가 있고 한국의 농업시장과 노동시장의 교란 같은 중대한 문제가 발생할 가능성이 있지만, FTA 협상이 위에서 아래로 흐르는 특징을 지니고 있다는 점에서 협상기술을 차치하고서라도 유리한 환경에서 협상에 임할 수 있다는 생각이 깔려 있다.

이런 점을 고려할 때 현재까지 한중 FTA에 대한 경로와 시나리오는 다음과 같이 생각할 수 있다.

첫째, 한중 FTA는 대중 경제 의존을 심화시킬 것이라는 '의존도의 위험'이다. 이것은 무역과 투자 등 모든 면에서 한중 경협은 유례를 찾기 어려울 정도로 순조롭게 진행되고 있는데, 새삼 중국과 FTA 속도를 빨리해야 하는가 하는 의문을 반영하고 있다. 이것은 현상유지도 하나의 대안으로 상정하는 것이며, 중국 외의 다른 지역과의 협력을 확대하는 속에서 거대경제권인 한중 FTA를 접근할 필요가 있다는 것이다.

둘째, 중국에 대한 개방 확대가 실제로는 다국적기업에게 한국 시장을 개방 확대하는 것으로 귀결될 것이라는 '우회개방의 위험'이다. 이것은 선진국의 다국적기업들이 중국을 노동집약적 생산기지로 활용하고 있고 그 결과 중국은 단순소비재뿐만 아니라 전자나 IT 등 첨단조립산업에서도 세계적 생산 허브로 변모했다. 즉, 'Made in China, Made by Global' 현상이 나타나고 있는 상황에서 한중 FTA를 통한 중국 제품에 대한 개방 확대는 중국에 진출한 세계적 다국적기업들이 한국 시장에서 보다 유리한 조건에서 경쟁할 수 있게 만들 것이라는 것이다. 이렇게 보면 단순소비재 등 FTA에 따라 충격을 받을 것이 이미 예상되는 산업과 제품 이외에도 전자·IT·자동차 등 예상치 않은 분야에서 중국산 다국적기업 브랜드에 의한 한국 시장 공략이 가속화될 우려가 있고, 다국적기업의 세계적 생산기지라는 중국 경제의 고유한 특징으로 인해 그러한 충격의 범위가 예상보다 클 수 있다는 것이다.

셋째, 협상이 장기화될 경우 기존의 한중 경제 협력 논의 채널들을 사실상 봉쇄함으로써 중국 시장에 대한 접근 경쟁에서 경쟁국인 미국과 일본에 뒤질 가능성이 있는 '협상 장기화 위험'이다. 한중 간에는 '한중 산업협력위원회'뿐만 아니라 전자상거래 및 전자무역 활성화를 위한 '민관 전자무역 협의회', 표준 및 인증분야의 무역상 기술장벽 해소를 위한 '한중 표준 적합성평가 공동위', 기업 간 교류를 활성화하기 위한 '한중 테크노마트', '경영지원 교류회' 등이 운영되고 있다. 또한 자원 에너지 협력 현안 논의를 위한 '자원협력위원회' 및 한·중·일 3국의 에너지 협력을 위한 '동북아 에너지 협의체' 등도 추진되고 있으며, 이 밖에도 무역마찰을 최소화하기 위한 '무역구제기관 정례협의회', 철강·석유화학 분야의 민관협의체 등도 운영 중이다. 만일 농업시장 개방 등 민감한 사안 때문에 양국 간 FTA 협상이 장기간 교착 상태에 빠지게 되면 FTA 협상은 기존의 다양한 협력 채널에서 논의되고 있는 사안조차 FTA 협상 이슈로 묶여 논의가 봉쇄되는 결과를 초래할 수 있다. 최근 미중 경제전략 대화, 중일 간 해빙 무드 등을 고려할 때 한국이 기본적으로 양국 간 이해관계의 충돌이 있을 수밖에 없는 FTA '협상'이라는 장기 모드에 고착되어 있는 동안 경쟁국들은 다양한 영역에서 다른 FTA를 통해 중국과의 협력 사업을 선점할 위험이 있다는 점이다. 따라서 협상을 최단기간에 타결할 수 있는 사전준비 및 합의, 협상안, 리더십이 뒷받침되지 않는 장기화는 부정적인 결과를 초래할 가능성이 있다.

이와 같은 시나리오 중에서 한중 FTA가 그야말로 포괄적이고 전면적인 완전한 개방에 이르게 된다면 한국의 농업 부문은 한미 FTA가 가져다주는 상황보다 훨씬 심각한 상황에 놓일 가능성이 있다. 또한 다국적기업의 우회개방의 위험에 따라 한국의 노동시장도 교란되면서 한미 FTA가 가져다줄 충격 위에 한국 사회는 새로운 판을 만들어야 하는 과제를 안게 될 것이다. 뿐만 아니라 중국 없는 '일상생활'이 불가능해지면서 대중국 의존을 보다 심화시켜 한국 외교의 중심성을 확보하는 데에도 부정적으로 기능할 것이다.

그러나 한중 관계의 무역의존도나 교역의 성격에 비추어 볼 때 서비스 시장이나 제조업 분야의 개방에 대한 중국 정부와 노동자들의 불안감이 있고 경작지 감소로 인한 중국의 식량부족 사태가 장기화되고 있는 상황에서 중국 농업 문제가 한국 농업에 그대로 전가될 가능성은 크지 않다. 더구나 현재 중국의 대한국 무역적자의 폭이 경향적으로 줄어들면서 2012년 무렵 수지균형을 이룰 가능성이 큰 상태에서 중국도 높은 수준의 개방을 원치 않을 가능성도 있다. 실제로 중국은 협상을 위한 공격적 태도를 거두어들인 상태이며, 실무부서인 상무부 내에서도 핵심 지도부의 개방적극파와는 달리 정책결정 과정의 실무 라인 차원에서는 한중 FTA가 중국 경제에 가져다주는 '경제적 효과'는 크지 않다는 의견을 제시하고 있는 것으로 알려지고 있다. 2008년 8월 제2차 한중 정상회담에서 한중 FTA에 대한 언급이 2008년 5월 제1차 정상회담에 비해 별다른 변화가 없었던 것도 이러한 저간의 사정을 반영하고 있다.

이런 점을 함께 고려해 보면 적어도 현시점에서 중국은 농산물이나 공산품 수출의 확대보다는 이른바 동아시아에 강력한 거점을 세우고 여기에 근거하여 세계전략을 추구하고자 하는 타산적(calculative) 의도가 보다 강하다고 할 수 있다. FTA에 대한 중국의 의도와 목표는 1990년대 후반 이후 본격적으로 등장하고 있는 중국의 지역주의 전략－ 특히 안보적 차원과 지역경제협력의 차원을 동시에 고려하는 동아시아 지역주의 전략－ 과 궤를 같이하며 전개되어 왔다. 최근 중국이 상하이협력기구, 아세안지역포럼(ARF), 아세안＋3(한·중·일) 등 자국이 주도할 수 있는 지역협력체에 힘을 투사하는 것도 이러한 맥락에서 이해할 수 있다. 뿐만 아니라 한중 FTA를 통해 한미 동맹에 대한 역균형을 시도하는 한편 이를 동북아 다자 안보체제를 통해 규율하고자 하는 중장기적 고려도 깔려 있다. 이런 점에서 중국은 보다 거시적인 맥락에서 한중 FTA를 접근할 가능성이 크다.

사실 애초의 FTA는 대부분 순수한 경제적 목적보다는 전략적 동맹을 확보하여 자국의 영향력을 극대화하려는 의도에서 출발한 것이었다. 미국이 그랬고 EU도 글로벌 거버넌스가 부재한 상황에서 미국의 일방주의에 대한 대응전략의 성격을 가지고 있었다. 동아시아에서도 이와 같은 형태가 출현하고 있다. 일본도 제조업 우위를 기반으로 하여, 적어도 동아시아에서 미국의 후견을 받으면서 자국 중심의 바퀴통과 바퀴살 모델을 추구하면서 포괄적 지역주의 전략을 활용하고 있다(최태욱 외, 2007). 일본은 중국이 주도하는 ASEAN+3보다는 동아시아 정상회의(EAS)에 초점을 맞추고 자유주의의 가치를 공유하는 호주·뉴질랜드 등의 참여를 확대하여 역내 영향력을 높이고자 하는 이유도 여기에 있다.

한중 FTA도 바로 이러한 중국의 지역주의 맥락, 특히 동아시아 FTA 전략의 일환에서 포착되고 있다. 다만 한국이 지니고 있는 특수성을 동시에 고려하고 있다. 우선 한중 양국이 비록 구체적인 내용 없는 '전략적 협력동반자 관계'를 맺었지만, '전략'의 함의를 살펴볼 필요는 있다.

한국으로서는 중국이 최대의 교역과 투자대상국이고, 중국의 입장에서도 한국은 지금까지 FTA를 체결한 국가와는 비교할 수 없는 경제전략적 의미를 지니고 있다. 여기에 한국이 차지하고 있는 지정학적 위치 때문에 역외 전략적 의미와 역내 전략적 의미를 동시에 포괄하고 있다. 따라서 중국이 협상 과정에서 경제적 손익에 따라 지루한 협상을 전개하겠지만, 한중 FTA가 구체적 내용보다는 체결 자체가 의미가 있다는 인식에 동의할 가능성도 있다. 이것은 한국을 둘러싼 FTA 체결 경쟁에서 비껴서 있

지 않겠다는 의도를 나타냄과 동시에 낮은 수준의 FTA를 단계
적으로 업그레이드 할 수 있는 토대를 구축하겠다는 것을 의미
한다.

이런 점에서 한중 FTA를 보는 시각의 정립이 요구된다고 할
수 있다. 노동 부문과 농업 부문을 포함한 한국의 시민사회는 미
국적 기준이 한국 사회에 광범하게 적용되면서 나타나게 될 한
미 FTA에 대한 강력한 반대투쟁을 전개했고 지금도 그 위험성
과 부당성을 지적하고 있다. 이러한 한미 FTA 반대투쟁의 맥락
에서 볼 때 반(反)한중 FTA의 논리는 최대주의의 입장에서 그 위
험을 선전하는 것이 될 것이다. 그러나 현실적으로 중국의 지역
주의와 안보효과를 고려하는 맥락에서 '농산물 개방을 최소화
하는 낮은 수준의 FTA 체결'을 전제할 경우에는 이러한 주장에
는 한계가 있을 것이다. 실제로 농민단체와 노동단체는 물론이
고 진보진영 내에서도 한중 FTA에 대한 이해득실을 계산하지
못하고 있으며, 협상의 결과를 보면서 수위를 조절하겠다는 절
충적인 입장에 서 있다.

따라서 한미 FTA와 한중 FTA를 구분해서 접근하면서 한국형
FTA 모색을 위한 단초를 마련할 필요가 있다. 우선 한중 FTA는
한미 FTA 비준과 연계해서 파악할 필요가 있다. 이것은 미국의
한반도에 대한 힘의 투사를 제한하는 효과를 가지고 있기 때문
이다. 이런 점을 고려한다면 가장 좋은 시나리오는 한일·한중
FTA를 먼저 추진하면서 동아시아 지역주의의 가능성을 현실화
하는 전략을 추진하는 것이다. 향후 한국의 개방정책은 미국 시

장을 보완할 수 있는 대안 시장을 마련하고 동아시아 국가 사이의 과도한 경쟁으로 인한 교역 조건의 악화를 방지하는 것이다. 특히 현실적으로 동아시아 FTA는 무역창출 효과가 크고 금융협력을 확대할 수 있으며 교류의 활성화로 역내 정체성 형성에 기여할 수 있기 때문이다(박번순, 2008b).

물론 한미 FTA는 현실이 될 수 있다. 그러나 한미 FTA가 관철된다 하더라도 한중 FTA를 추진할 필요성은 유효하다. 한국이 '전면적이고 포괄적인 FTA'를 실질적인 목표로 고수하지 않는 한, 한중 FTA가 지닌 위험성은 약화될 것이다.

여기에서 한중 FTA를 한국의 지역주의 전략에 대한 복합적 상상력의 계기로 삼을 필요성이 있다(구갑우, 2008: 382-384). 한일 관계가 '정상화'될 경우 한중 FTA는 한일 FTA로 이어지거나, 한중 FTA가 교착될 경우 한일 FTA에서 한중 FTA로 이어지는 경로는 동시에 열려 있다. 그러나 한중 FTA와 한일 FTA가 동북아 FTA로 통합될 가능성은 현재로서는 크지 않다. 이것은 중국 주도의 아시아 질서에 대한 미국과 일본의 간섭과 반발 때문이기도 하다. 그러나 그 가능성을 완전히 배제하기도 어렵다. 중국과 일본은 해빙 무드로 진입했고 한국과 중국 간에도 잠재적 갈등 요인에도 불구하고 협력의 요인이 많다. 또한 한국과 일본 간 역사와 영토문제도 실용주의의 덫으로 해결할 가능성도 배제할 수 없다. 2008년 한·중·일 정상회담이 개최되고 아시아통화기금(AMP)이 논의되는 것도 새로운 변화의 징후이다.

따라서 한중 FTA를 동아시아 FTA를 추진하는 플랫폼을 만드는 데 적극적으로 활용하는 한편 남북한 경제협력으로 발전시키는 전략이 필요하다.[2] 동북아 경제협력의 범위와 단계는 다음과 같이 요약할 수 있다. 첫째 협력 단계이다. 즉, 한반도를 동북아와 세계를 연계하는 '노드(node)'를 지향하면서 한반도-환황해-환동해의 여러 유형의 네트워크를 구축하고 북한에 대해 경제협력과 협력사업을 발전시킨다. 둘째, 균형발전 단계이다. 한국이 동북아 협력 프로젝트를 적극적으로 추진하고 국내적으로 지역균형을 시도하고 국가 수준에서는 거대경제권과 FTA를 적극적으로 추진하는 한편 북한에 대한 시장화 개혁에 필요한 인적·물적 자원을 지원한다. 셋째, 통합발전 단계이다. 장기적으로 동북아 자유무역지대를 추진하는 것이다. 물론 이 단계도 유럽연합과 같은 화학적 결합(melting pot)이 아니라 주권이 존중되는 낮은 단계의 지역 FTA, 말하자면 샐러드 그릇(salad bowl)을 구축하는 것이 될 것이다(이희옥, 2004). 다만 남북한 간에는 국가연합을 지향할 필요가 있다.

더 나아가 이렇게 형성되는 공동체는 사회통합적 모델을 추구하는 것이다. 이것은 동아시아 국가 전반에서 나타나고 있는 '격차'를 해소하고 지속가능한 발전을 모색하는 방향으로 전개하고 유인하는 기제가 될 것이다. 그리고 한국이 동아시아에 주목하는 경우도 구성국의 확대로 인한 동아시아 공동체의 구심을 약화시키는 동아시아 정상회의(EAS)보다는 ASEAN+3 틀 내

---

2) 이에 대한 아이디어는 이일영·정준호, 2007: 321-324에서 얻었다.

에서 주도권을 확보하는 전략으로 변화할 필요가 있다. 그리고 '선 심화, 후 확대'라는 원칙에서 낮은 수준의 FTA 네트워크를 촘촘하게 구성하는 것도 필요하다(박종철 외, 2007: 69-73).

요컨대 국가 간 FTA 협상은 더 많은 이익을 추구할 것이다. 이런 점에서 전면적·포괄적 전략을 구사할 수 있을 것이다. 그러나 중국은 다른 국가들과의 FTA 체결에서 순수하게 시장을 접근하는 전략 이외에도 자원이나 식량 확보나 지역주의 형성 등과 같은 전략적 고려를 해 왔고, 한국과의 FTA에서도 이러한 논리가 작동하고 있다. 여기에는 세련된 협상전략이 필요하다. 무엇보다 중국의 적극적인 지역주의 전략을 역이용하여 더 많은 경제적 양보를 얻어 냄으로써 국내 이해관계자들을 설득할 수 있는 공간을 만드는 것이다. 또 하나는 '낮은 수준의 FTA'라도 받아들이는 자세를 취하는 것이다. 이것은 한중 간 무역의존도의 심화나 한중 간 무역구조의 역전 가능성, 그리고 '한반도 현상' 등을 고려할 때 협상의 실패는 더 많은 어려움을 가져다줄 것이기 때문이다.

또한 한중 FTA는 한국 외교의 출로를 재정립하는 기회로 삼아야 한다. 이미 모든 국가들은 FTA를 하나의 통상정책이라기보다는 지역안보를 적극적으로 상상하는 복합적 외교정책으로 활용하고 있다. 한중 FTA도 한미 관계를 새롭게 조정하는 계기뿐만 아니라 한반도 경제권의 구축과도 연계하는 대전략의 지혜가 필요하다. 그동안 한국은 중국의 폭발적인 부상과 한중 관계의 상호 의존에도 불구하고 한미 관계의 종속변수로 설정해

온 측면이 있었다. 이것은 한국 외교가 중국경계론과 중국활용론 사이에서 아슬아슬한 줄타기를 하거나 동맹에 대한 편승에 쉽게 매몰되는 결과를 가져왔다. 그러나 미국 발 금융위기 이후 새로운 국제질서의 변화를 적극적으로 읽고 한미 관계, 남북 관계, 한중 관계를 동시에 조율하는 새롭고 대담한 상상력이 필요하다.

참고문헌

국내 문헌: 기사

「5年後中國與東盟將建成世界第三大自由貿易區」, 『深圳商報』, 2005.
　　3. 22.

「강기갑 "中수산물 수입기준 대폭 후퇴" 위생약정 문제점 지적」, 『경
　　향신문』, 2008. 9. 26.

「고용 없는 성장에 신음하는 20대」, 『시사 IN』, 2007. 10. 1.

「중국 파격제안 마다하고 왜 미국을 택했나」, 『한겨레』, 2006. 8. 10.

「중국산 유해 농수산물 '우리 식탁' 점령… 먹기 겁난다」, 『보건신문』,
　　2005. 8. 30.

「한국인 47% "나는 중도"…4년 새 17%p 늘어」, 『한겨레』, 2006. 5. 15.

「한미 FTA 여론조사: "사회양구화 심해질 것" 46%」, 『한겨레』, 2007.
　　4. 4.

「한미 FTA를 넘어 공정무역(Fair Trade)을 제안하자」, 『참세상』, 2006.
　　11. 11.

「韓中 FTA 체결 땐 한국GDP 최대 3.13% 추가성장 기대」, 『매일경제』,
　　2007. 5. 29.

「한중 FTA, 기대만큼 실익 없을 것」, 『중앙일보』, 2008. 4. 18.

「한중 FTA로 관세 사라지면 농업 피해 6조 넘을 것」, 『한국농어민신
　　문』, 2007. 4. 16.

남영숙, 2008, 「이명박 정부의 통상정책에 대한 제언」(http://www.kifs.org/
　　contents/sub3/issue.php?method＝info&sId＝2106#content,　검색일자
　　2008년 9월 1일).

박번순, 2008a, 「금융위기 이후 한국의 FTA 정책 방향」, 『창비주간논평』, 11. 26.

박번순, 2008b, 「우리 경제의 활로는 동아시아 FTA」, 『창비주간논평』, 11. 26.

박진도, 2005, 「도대체 왜 지금 농업을 살려야 하는가?」, 『프레시안』, 5. 26.

송홍근, 2008, 「김정일 올림픽 비교 주인공?」, 『주간동아』, 658호.

썬쟈(沈佳), 2007, 「중국의 FTA 추진 배경과 전략 해부」, 『LG주간경제』, 5. 16.

여경훈, 2007, 「자유무역 유토피아의 망상이 낳은 한미 FTA」, http://eplatform.or.kr.

주장환, 2006, 「한중 경제 관계의 올바른 설정에 관하여」, 코리아연구원 특별기획 제11호(http://knsi.org/knsi/kor/center/view.php?no=2175&c=1&m=8, 검색일자 2008년 10월 15일).

지만수, 2008, 「한중 FTA, 어떻게 접근할 것인가?」, 대외경제정책연구원 세미나 발제문 및 동영상(출처: http://www.bricsinfo.org).

최태욱, 2008, 「도쿄 혹은 서울 컨센서스」, 『한겨레』, 5. 14.

한국외교통상부, 2008, 「세계 FTA 추진 현황」(http://www.fta.go.kr/user/intro/fta_wor_1.asp, 검색일자: 2008년 9월 12일).

국내 문헌: 논문·저서

강준영·정환우, 2007, 「중국의 FTA 추진 전략 분석」, 『국제지역연구』, 제11권 제3호.

곽진오·강철구, 2008, 「일본의 대(對)동아시아 FTA정책: 가능성과 한계에 관한 연구」, 『경제학공동학술대회 논문발표집』.

구갑우, 2008, 『국제관계학 비판』, 후마니타스.

구기보·홍정륜, 2008, 「동아시아 자유무역협정(EAFTA) 모델 연구: 한중일 중심으로」, 『중국학연구』, 제43집.

김양희, 2007, 「FTA의 다양성과 우리의 선택」, 최태욱 편, 『ASEAN+3 협력체제의 성과와 정책과제』, 서울: 창비.

김재철, 2004, 「중국의 '등장', 균형정책, 그리고 한반도」, 『中苏研究』, 100호.

김종걸·정하용, 2007, 「한미 FTA와 동아시아경제협력」, 최태욱 엮음, 『한국형 개방 전략: 한미 FTA와 대안적 발전모델』, 창비.

김한성·여지나, 2008, 「중국-뉴질랜드 간 FTA 협정 체결 결과 및 시사점」, 『오늘의 세계경제』, 제08-17호.

김흥규, 2008, 「한중 '전략적 협력동반자 관계' 형성과 한중관계」, 『주요 국제문제 분석』, 6. 12, 외교안보연구원.

남영숙 외, 2004, 『한중 FTA의 경제적 파급효과와 주요 쟁점』, 대외경제정책연구원.

대외경제정책연구원, 2007, 『한중 FTA 종합보고서: 한중 FTA의 경제적 효과와 주요 이슈』.

마일즈 리트비노프, 존 메딜레이, 2007, 『인간의 얼굴을 한 시장경제, 공정무역』, 모티브.

문흥호, 2005, 「중국의 대외전략: 동북아 및 한반도 정책을 중심으로」, 『한국과 국제정치』, 제21권 1호(봄).

박종철 외, 2007, 『2020 선진한국의 국가전략 II: 경제전략』, 통일연구원.

박창건, 2007, 「한국의 FTA 추진 전략에 있어서 동아시아 지역주의 발전에 대한 고려: 한일 FTA와 한미 FTA를 중심으로」, 『대한정치학회보』, 제15집 2호.

백승욱, 2008, 『세계화의 경계에 선 중국』, 창비.

서진영, 2002, 「부강한 중국의 등장과 중국 위협론, 그리고 한반도」, 『한국과 국제정치』, 제18권 2호.

설규상, 2007, 「동아시아 지역경제통합과 한계: 중·일의 지역주의 접근과 리더십 역량을 중심으로」, 『세계지역연구논총』, 24집 3호.

신태용 외, 2005, 『한중 FTA 체결이 한중 분업구조에 미치는 영향』, 서

울: 산업연구원.

양평섭, 2007, 『중국의 대한국 공산품 수입결정요인에 관한 연구』, 한국외국어대학교.

양평섭 외, 2007, 『한중 교역의 특성과 한중 FTA에 대한 시사점』, 대외경제정책연구원.

어명근·정정길·강혜정·허주녕, 2005, 『동북아경제협력체 출범과 농업부문의 대응방안』, 농촌경제연구원.

윤상우, 2005, 『동아시아 발전의 사회학』, 나남.

이삼성, 2008, 「동아시아질서와 그 미래: 지정학과 경제, 그리고 문화적 차원」, 『동아시아브리프』, 제3권 제3호(통권 11호).

이일영·정준호, 2007, 「한국형 발전모델의 모색」, 최태욱 외, 『한국형 개방전략: 한미 FTA와 대안적 발전모델』.

이장규 외, 2006, 『중국의 FTA 추진 전략과 정책적 시사점』, 대외경제정책연구원.

이창재, 2005, 「동아시아 경제공동체의 전망과 추진방안」, 이승철 외, 『동아시아공동체: 비전과 전망』, 한양대학교 출판부.

이태환, 2008, 「동아시아 공동체와 중국: 중국의 인식과 전략」, 하영선 편, 『동아시아 공동체: 신화와 현실』, 서울: EAI.

이희옥, 2004, 「동북아 시민사회의 교류와 공동체적 지역통합」, 한국지식인연대 편, 『동북아공동체를 향하여』, 동아일보사.

임윤상, 2002, 「주요국과 자유무역협정(FTA) 체결의 경제적 효과와 향후 추진방향」, 『한은조사연구』, 8월. 한국은행 조사국.

장상환, 2007, 「한·미 FTA와 한국 사회의 양극화」, 『실천문학』, 87호(가을호).

장영희, 2008, 「세계무역 '두 나라 간 시대' 다가온다」, 『시사IN』, 제47호.

장하준, 아일린 그레이블, 2008, 『다시 발전을 요구한다』, 부키.

전기원, 2006, 「동아시아 지역주의를 둘러싼 협력과 갈등: APEC에서 EAS까지」, 『국제정치연구』, 제9집 1호.

전병곤, 2007,「중국의 한중 FTA 추진의도와 정치외교적 영향」,『중국연구』, 제41권.

전성흥(편), 2008,『중국모델론: 개혁과 발전의 비교역사적 탐구』, 부키.

정인교, 2006,「한·중 FTA의 경제효과 추정」,『국제경제연구』, 제12권 제1호.

정태인, 2007,「대한민국의 구조조정이 다가온다」,『한겨레21』, 제655호

郑必坚, 2007, 이희옥 역,『중국평화부상의 새로운 길』, 서울: 한신대학교 출판부.

정하용, 2005,「미국의 지대추구적 통상정책 – 공격적 일방주의와 FTA 확산정책」,『국가전략』, 제11권 1호.

정환우, 2008,「과욕과 현실적 제약의 딜레마: 중국의 FTA 경험」,『현대중국연구』, 제9집 2호.

조순,「한미 FTA 의 본질」,『한겨레』, 4. 11.

조지프 스티글리츠, 앤드루 찰턴, 2007,『모두에게 공정한 무역』, 지식의숲.

주장환·이동영, 2008,「북한 핵 실험 전후 북-중 관계의 변화: 비대칭적 보호자 게임으로 다양한 대칭적 게임으로」,『대한정치학회보』, 제16집 1호.

채욱 외, 2005,『제조업분야 한중 FTA 종합검토 연구』, 대외경제정책연구원.

최세균·어명근·허주녕, 2002,『한중 자유무역협정 체결 시 농업분야 대응방안』, 농촌경제연구원.

최원기, 2006,「중국의 FTA 정책과 한중 FTA 전망」,『미래전략연구원 특별기고』, 10. 24.

최원식, 2004,「天下三分之計로서의 동아시아론」, 한국동북아지식인 연대 편,『동북아공동체를 향하여』, 동아일보사.

최장집, 2004,「동아시아 공동체의 이념적 기초」,『아세아연구』, 제47권 제4호, 통권 118호.

최장집, 2005,『위기의 노동: 한국 민주주의의 취약한 사회경제적 기반』, 후마니타스.

최장집, 2006,『민주주의의 민주화』, 후마니타스.

최청호, 2007,「동아시아 지역주의 부상에 따른 중-일 관계」,『21세기 정치학회보』, 제17집 1호.

최태욱 외, 2007,『한국형개방전략: 한미 FTA와 대안적 발전모델』, 창비.

최태욱, 2007a,「미국 자본주의의 세계화 전략과 한미 FTA」, 최태욱 편,『ASEAN+3 협력체제의 성과와 정책과제』, 서울: 창비.

최태욱, 2007b,「2020 선진 한국의 세계 경제전략」, 박종철·최태욱·김양희·임강택 지음,『2020 선진 한국의 국가전략 II: 경제전략』, 통일연구원.

최태욱, 2007c,「한미 FTA와 동아시아 지역주의의 미래」,『사회비평』, 37호, 가을호.

KOTRA, 2006,『무역에 있어 세계 기술장벽(TBT) 동향과 피해 사례』, 기획조사 06-051.

KOTRA, 2006,『주요국의 비관세장벽(NTBs) 현황 분석』.

한국무역협회, 2003,『대중국 투자기업에 대한 경영실태조사 : 수출입 및 고용현황을 중심으로』.

한국수출입은행, 2006,『우리나라의 중국 및 미국투자 현지법인 경영현황 비교분석』.

한국수출입은행, 2007,『2006 회계연도 해외직접투자 경영분석』.

영문 문헌

Acharya, Amitav, 2006, "The Imagined Community of East Asia," *Korea Observer*, Vol.37, No.3, Autumn.

Armitage, R. & Nye, J., 2007, "The US-Japan alliance: getting Asian right through 2020"(http://www.csis.org/media/csis/pubs/070216_asia2020.pdf, 검색일 2008년 6월 15일).

Balassa, B., 1969, *The Theory of Economic Integration*, George Allen & Unwin.

Bergsten, C. F., 2005, "Embedding Pacific Asia in the Asia Pacific: The Global Impact of an East Asian Community," Speech at the Japan National Press Club, Tokyo, September 2.

Bergsten, C. F.,2007, "Toward a Free Trade Area of the Asia Pacific," *Policy Brief in Peterson Institute for International Economics*, February.

Clark, Ian, 1997, *Globalization and Fragmentation: International Relations in Twentieth Century*, Oxford: Oxford University Press.

Fang Jin, 2008, "China's FTA Policy," presented paper on International Symposium on Possible Roadmaps to a CJK FTA: Obstacles and Expectations, August.

Fishlow, Albert & Haggard, Stephen, 1992, *The United States and the Regionalization of the World Economy*, Development Centre Documents, Paris: OECD.

Gilpin, Robert, 2001, *Global Political Economy*, New Jersey: Princeton Univ Press.

Hale, D. and Hale L. H., 2003, "China Takes Off," *Foreign Affairs*, 82. 6.

Hall, Peter A. and David Soskice, 2001, *Varieties of Capitalism: The Institutional Foundations of Comparative Advantage*, Oxford University Press.

Harvey, David, 2005, A Brief History of Neoliberalism, Oxford University Press.

Hong-sik, Lee et al., 2005, *Economic Effects of a Korea-China FTA and Policy Implications*(I), Korea Institute for International Economic Policy.

Huang Mai, Guan Liang, Wang Guannan, Dong Zhiyong, 2007, "Seven Features of China's Economic Renaissance and Korean-Chinese Economic Coordination: Tasks and Prospects," paper Submitted for the international conference under the theme of '东亚的新国际秩序和韩中关系的前景', Oct., Seoul, Korea.

Hyungdo Ahn, Yoocheul Song, Hokyung Bang, 2008, "The FTA Policy of Korea," presented paper on International Symposium on Possible Roadmaps to a CJK FTA: Obstacles and Expectations, August.

Katzenstein, P. J., 2005, *A World of Regions: Asia and Europe in the American Imperium*, Ithaca: Cornell University Press.

Morrison, J. Stephen, 2008, "Will Darfur Steal the Olympic Spotlight?" *The Washington Quarterly*, Summer, 31:3.

Nanto, Dick K. & Chanlett-Avery, Emma, 2005, "The Rise of China and Its Effect on Taiwan, Japan, and South Korea: U.S. Policy Choices," *Congressional Research Service(CRS)*, April 12.

Noble, Gregory W., 2008, "Japanese and American Perspectives on East Asian Regionalism," *International Relations of the Asia-Pacific*, Vol.8 No.2.

Pempel, T. J.(ed.), 2005, *Remapping East Asia: The Construction of a Region*, Ithaca: Cornell University Press.

Rozman, Gilbert, 2004, *Northeast Asia's Stunted Regionalism*, Cambridge: Cambridge University Press.

Rozman, Gilbert, 2007a, 이신화·김동중·이성용 역, 『동북아시아 지역주의』, 서울: 박영사.

Rozman, Gilbert, 2007b, "Reshuffling Priorities for Northeast Asian Security: Revisionism, Regionalism, Reunification, and Realism," *Korea Observer*, Vol.38, No.2, Summer.

Zoellick, Robert, 2002, "Understanding the Trade Winds," *The Economist*, 12. 7.

중문 문헌

郭繼豊, 2005, 「中國FTA戰略: 合作共贏全求均衡」, 『第一經濟日報』, 9. 13.

丘平, 2006, 「中国新外交战略之含义及其展望」, 『中国时报』, 6月19日.

國務院發展研究中心課題組, 2005, 「'十一五'規劃期間我國發展的外部環境與對外開放的戰略任務」, 『經濟要參』, 北京, 第26期.

唐福泉, 2007, 「自由貿易協定的發展與中國的區域經濟合作」, 『齊魯學刊』, 第4期.

董志勇·官靚·黃迈, 2008, 「中国对自由贸易区的政策设想及其对亚洲其他国家的影响」, 『国际关系学院学报』, 第2期.

李嘉·刘东凯, 2005, 「中国与东盟贸易从"早期收获"迈向全面自由」, 『新华网』, 10.19.

李富有·何娟, 2007, 「美国自由贸易协定战略及中国的应对措施」, 『西安财经学院学报』, 5月, 第3期.

莫莎, 2005, 「美国的双边自由贸易协定与环境问题」, 『国际贸易研究』, 第1期.

龐中英, 2001, 「中國的亞洲戰略: 靈活的多邊主義」, 『世界經濟與政治』, 第10期.

盛斌, 2007, 「亚太自由贸易区的政治经济分析: 中国视角」, 『世界经济与政治』, 第3期.

蕭遥, 2008, 「東亞合作新時代: 期待中日聯手破題」, 『第一經濟日報』, 5. 5.

宋国友, 2007, 「美国的东亚FTA战略及其对地区秩序的影响」, 『当代亚太』, 第11期.

於蘇, 2006, 「東亞地區自由貿易發展中的日本與中國的FTA競爭」, 『經濟研究』, 第4期.

于培偉, 2005, 「我國參與區域經濟合作的原則和策略」, 『經濟要參』, 北京, 第37期.

于培伟, 2005, 「我国参与区域经济合作的原则和策略」, 『经济要参』, 第37期.

張錫鎭, 2004, 「東亞一體化的火車頭」, 『人民日報』, 11. 26.

張波, 2007, 「美韓對中國對外貿易的正負效應分析」, 『國際經濟合作』,

第8期.

趙晋平, 2005, 「中國FTA戰略清晰」, 『東方早報』, 1. 10.

曹天子(主编), 2006, 『劳动产权与中国模式: 当代马克思主义在挑战中发展』, 北京: 社会科学文献出版社.

中國商務部, 2007, 『国别贸易投资环境报告2007』(http://gpj.mofcom.gov.cn/

中華人民共和國海關進出口稅則 編纂委, 2007, 『中華人民共和國海關進出口稅則』, 經濟日報出版社.

陣建安, 2007, 「中韓日自由貿易協定(FTA)的可行性及其經濟效應」, 『世界經濟研究』, 第1期.

俞可平·黄平·谢曙光·高健(主编), 2006, 『中国模式与'北京共识': 超越'华盛顿共识'』, 北京: 社会科学文献出版社.

詹小洪, 2006, 「韩美FTA谈判意在抗衡中国」, 『凤凰周刊』, 4月 3日.

刘江永·阎学通, 2005, 「加强东亚安全合作的建议」, 阎学通·金德湘 主编, 『东亚和平与安全』, 北京: 时事出版社.

刘李峰·武拉平, 2006, 「中国FTA实践中的利益选择及实现」, 『现代经济探讨』, 第6期.

刘翔峰, 2007, 「中韩自贸区敏感产业安排的试分析」, AMR-KIEP 共同研讨会, 『会议文集』.

刘重力·盛玮, 2008, 「中日韩FTA战略比较研究」, 『东北亚论坛』, 第1期.

国务院发展研究中心课题组, 2005, 「十一五规划期间我国发展的外部环境与对外开放的战略任务」, 『经济要参』, 第26期.

张琦 外, 2007, 「如何对待敏感产业: 中国已签署自贸区协议对中日韩FTA的启示」, 『国研报告』, 國務院發展研究中心.

张波, 2007, 「美韩FTA对中国对外贸易的正负效应分析」, 『国际经济合作』, 第8期.

郑必坚, 2005, 『论中国和平崛起发展新道路: Peaceful Rise-China's New Road to Development』, 北京: 中央党校出版社.

陈冰, 2006, 「中国新战略初见端倪」, 『联合早报』, 6. 22.

黄平·崔之元(主编), 2005, 『中国与全球化: 华盛顿共识还是北京共识』,
　　北京: 社会科学文献出版社.

일문 문헌

トラン·ウアン·トウ, 松本邦爱 編著, 2007, 『中国-ASEANのFTAと东ア
　　ジア』, 东京: 文真堂.